Papageien halten für Einsteiger

Wie Sie Kauf, Haltung, Ernährung und Pflege Ihrer Papageien ohne Vorerfahrung gekonnt meistern - inkl. Tipps bei Krankheit eines Papagei

Matthias Schmieder

INHALT

Das erwartet Sie in diesem Buch

Wer schon einmal in einem Zoo war oder gar in einem Vogelpark, wird diese besonderen Vögel wohl kaum übersehen oder überhört haben: Papageien. Zumeist bunt, groß, klein, laut, leise, quietschend, schreiend, pfeifend oder sprechend – das ganze Aufgebot dieser wunderbaren paradiesischen „Piepmätze".

Beinahe jeder wünscht sich, in diesem Moment auch einen toll trainierten, kommunikativen, bunten und schönen Papageien zu Hause halten zu können. Möglich ist alles, doch sollte es auch gut durchdacht sein. In diesem Buch erkläre ich Ihnen, was Sie vor der Anschaffung erst einmal bedenken sollten. Sie lernen mit ein paar Beispielen und kurzen Vorstellungen einige Arten kennen, denn ein Papagei ist nicht gleich ein Papagei. Wie sollen die Tiere leben? Was fressen sie und was sind die typischen Macken der einzelnen Arten? Wie groß soll die Voliere sein? Welches Material darf verwendet werden?

Wie reinigt man diese Volieren und wie beschäftigt man diese Tiere? Wie sieht ein Besuch beim Tierarzt aus und wann ist es überhaupt nötig, ihn zu konsultieren? Wie kann ich meinen Vogel trainieren oder handzahm bekommen? Es werden Ihnen auch kleine Rezepte für Leckereien verraten sowie eine Checkliste für den Erste-Hilfe-Koffer im privaten Haushalt, wenn mal etwas passieren sollte.

Die Anschaffung selbst sowie die Versorgung und das Leben mit diesen wunderschönen Tieren ist meist nur die halbe Miete. Das Tier kennenzulernen und als Mitglied des „Schwarms" akzeptiert zu werden sowie mit ihm zusammenzuarbeiten und voneinander zu lernen, ist der vollendende Teil, den es zu meistern gilt.

Spaßvögel oder Endgegner?

In diesem Kapitel will ich Ihnen eine kurze Einführung dazu geben, was ein Papagei eigentlich ist und ob Sie sich wirklich dazu entscheiden wollen, sich solche Exoten in Ihr Leben zu holen.

Papageien, auch im Fachjargon oder Latein Psittaciformes genannt, werden in rund 350 verschiedene Arten mit 850 Unterarten unterteilt. Von den tropischen Einwanderern über die subtropischen Bewohner bis hin zu den in großen Höhen lebenden, an Kälte angepassten Arten ist alles dabei. Der kleinste seiner Art ist der Spechtpapagei, der größte Vertreter ist der

Hyazinth-Ara. Am bekanntesten unter den Papageien jedoch sind wohl die gesprächigen und lustigen Graupapageien, die Sie aus Zeitschriften, Werbungen oder zoologischen Anlagen kennen. Sie sind wohl eine der beliebtesten Arten, die auch hier in Europa gerne privat gehalten werden, aufgrund ihrer Intelligenz und Sprachbegabung.

Doch wussten Sie, dass diese Vögel beispielsweise bis zu 60 Jahre alt werden können? Und dass „sensibel" ihr zweiter Vorname ist? Diese Vögel reagieren bei Alleinhaltung, Verlust eines Partnervogels oder einer Bezugsperson, so sensibel, dass sie sich entweder nackig rupfen oder gar den Lebenswillen verlieren.

Sie haben bestimmt auch schon einmal ein Video gesehen, in dem ein Grünzügelpapagei zu einem irischen Folk tanzte oder mit Ohrenstäbchen spielte. Diese Vögel sind eine überaus verspielte und lebendige Art, die den Tag eines jeden Federlosen (eines menschlichen Halters) erhellen. Doch wussten Sie auch hier, dass diese Papageienart sehr viel Aufmerksamkeit und Beschäftigung (mindestens einige Stunden am Tag) durch ihre Halter benötigen? Sonst kann ihr Verhalten schnell in lautes, wildes Geschrei und eine aggressive Trotzphase umschlagen und jeden im Umfeld in den Wahnsinn treiben.

Besondere Gesangs- und Sprachtalente sind zum Beispiel auch die Amazonen. Nein, damit sind nicht die kriegerischen Menschenfrauen gemeint, sondern in diesem Bezug natürlich die Amazonenpapageien. Diese sind, wie ihre anderen Artgenossen, überaus intelligent, sehr sozial und verfügen über eine sehr große Neugier als charakteristische Eigenschaft.

Oder wer kennt noch „Rosalinda" alias Douglas, die berühmteste Ara-Papageiendame aus dem Film „Pippi Langstrumpf im Taka-Tuka-Land"? Bekannt ist diese Art der Papageien auch aus allen möglichen Piratenfilmen. Jeder Pirat hat in einer Szene einen stolzen bunten Ara auf seiner Schulter sitzen, das sogenannte „Piraten-Zeichen". Dieser große tropische Vogel erreicht im Schnitt ein Alter von stolzen 50 bis 70 Jahren.

Wer ist der Größte aller Papageien? Das ist der Hyazinth-Ara. Dieser Ara ist der Größte seiner Gattung, mit seiner Körperlänge von 1 m und einem Gewicht von 1,5 kg.

Besonderes Merkmal dieser Art: die kobaltblaue Farbe mit den gelben Umrandungen um Augen und Schnabel. Doch so schön dieser Vogel auch ist, er steht auf der Liste der gefährdeten Arten und ist in freier Wildbahn vom Aussterben bedroht. Außerdem muss man für ein Exemplar geschätzt 30.000 $ (umgerechnet ca. 25.000 €) bezahlen.

Doch ein großer tropischer oder subtropischer Vogel braucht auch einen sehr großen, warmen Platz. Und ein großer Vogel, spuckt auch gern mal sehr laute Töne, lauter als die Polizei oder der Nachbar erlaubt. Papageien können, mal abgesehen vom Singen oder Sprechen, untereinander mit lautem Krächzen und Schreien kommunizieren und erreichen im Schnitt eine Lautstärke zwischen 90 und 120 dB. Und Ruhezeiten kennen diese Tiere nicht.

Gegen Morgen werden sie zu Hähnen mit lautem „Kikeriki" und zum Abend hin werden sie zu singenden Nachtigallen bis in die Nacht hinein, denn es liegt in ihrer Natur, genau dann laut zu sein. Sie ruhigzustellen, ist vergeblich, also gewöhnen Sie sich an den Lärm und nutzen Sie genau diese Zeit zum Üben, um mit den Tieren zu kommunizieren. Dies müssen Sie also bedenken, wenn Sie in einer Mietwohnung in der Stadt leben oder in einem Haus in einer ruhigeren Gegend mit großem Grundstück.

Wie Sie also hier schon in den letzten kurzen Beispielen bemerken konnten, gibt es zwar Vor-, aber auch Nachteile der Anschaffung und Haltung dieser Tiere: die Größe, die Lautstärke und das Alter. Aber nicht nur das macht die Haltung aus, sondern auch der Aufwand an Nahrung, Krankheiten und Tierarztkosten sowie die Arbeit mit den Tieren, das Säubern der Volieren, die Renovierungen und alle anderen anfallenden Arbeiten.

Und Sie sollten sich im Voraus schlau machen, ob die jeweilige Art, die Ihnen gefällt, überhaupt zu Ihnen und Ihrer Lebensplanung passt. Können Sie die Zeit aufbringen, den Tieren jeden Tag Aufmerksamkeit zu schenken? Haben Sie das gesicherte Einkommen für den Bau der Voliere, die Anschaffung der Tiere, die artgerechte Fütterung und, im Falle einer Krankheit, die Tierarztkosten?

Haben Sie bereits bedacht, dass nicht jeder Tierarzt gleich ein Experte für Vögel und Exoten ist und hier gut recherchiert werden sollte? Was passiert, wenn die Tiere plötzlich ihr Verhalten verändern und Sie nicht mehr damit klarkommen? Wären Sie bereit, daran zu arbeiten und alles zu tun, um herauszufinden, was mit den Familienmitgliedern los ist, oder fühlen Sie sich dann überfordert und wollen es dem nächsten Experten überlassen und sich von den Tieren verabschieden?

Was passiert mit den Tieren, wenn Sie mal ins Krankenhaus müssen oder Ihnen etwas geschieht? Wo werden die Vögel dann leben? Diese könnten Sie schließlich auch überleben.

Wie Sie sicherlich im letzten Abschnitt bemerkt haben, war die Rede nie von einem einzelnen, sondern von mehreren Tieren, denn Papageien müssen (sogar gesetzlich vorgegeben) immer zu zweit oder als Schwarm gehalten werden. Also eine wunderbare schöne große Familie über eine sehr lange Lebensspanne, die zumeist entweder den Tag erhellt oder auch hier und da einige Nerven kosten kann.

Vor dem Kauf

D ie Vorbereitung für die Haltung der Papageien erfordert sehr viel Aufmerksamkeit. Eigentlich fast so lange, wie eine Familie sich während einer Schwangerschaft auf ein Kind vorbereitet. Hierbei handelt es sich um lösungsorientiertes Handeln für die Vorbereitung zur Haltung eines Papageis. Gefahr erkannt, Gefahr gebannt. Doch gibt es auch viele Dinge, die man im Voraus bedenken und mit Sorgfalt umsetzen sollte: Ähnlich wie eine Wohnung oder ein Haus kindersicher zu machen. Hier werden einige Punkte angesprochen, die in vielen Fällen keiner vorher bedacht und erst später das Nachsehen oder die Probleme erkannt hat.

GESUNDHEIT UND ZEIT DES HALTERS

Sie selbst sollten sichergehen, dass Sie nicht durch oder mit einem Vogel erkranken. Die erste Regel also, die Sie vor einer Anschaffung eines Tieres befolgen sollten: Einen Allergietest machen zu lassen. Egal, ob bei der Anschaffung von Hund, Katze oder Vogel, es ist unabdingbar, dass man sich selbst im Voraus für eine Erkrankung ausschließt.

Auch Menschen, die mit einer Lungenerkrankung vorbelastet sind, sollten bedenken, dass die Feinstaubbelastung von den Federn der Vögel zu Atemproblemen und im Verlauf zu Verschlimmerung von Lungenerkrankungen führen kann. Der häufigste Abgabegrund für Vögel sind neben der Lautstärke oder dem Verhalten die drohende Erkrankung oder Allergien von Haltern. Hier also gleich einen Termin bei einem Allergologen oder einem Arzt vereinbaren, der Allergietests durchführt – mit dem Hinweis auf Daunen-/Federallergien.

Ebenso wichtig ist es, dass Sie und Ihre Partnerin/Ihr Partner, sich bei der Betreuung der Vögel abwechseln. Es nützt Ihnen nichts, wenn Sie Papageien haben, aber beide dann 12 Stunden pro Tag aus dem

Haus sind. Teilen Sie sich, wenn möglich, die Arbeit ein und schauen Sie, dass die Vögel nie länger als 6 Stunden allein sind. Besonders in der Einzugsphase müssen Sie es so koordinieren, dass Sie in den ersten Tagen zu Hause sind. Die ersten Tage sind sehr wichtig für das Kennenlernen und die Prägung der Tiere.

HUNDE, KATZEN UND CO.

Das Zusammenleben der Papageien mit Hunden und Katzen ist durchaus möglich, Sie dürfen diese Tiere aber niemals unbeaufsichtigt lassen. Papageien sollten immer außerhalb der Reichweite von Hund und Katze gehalten werden.

Hier gibt es meist einen Aufschrei, denn es gibt viele Videos im Internet. in denen die Tiere völlig fromm und harmonisch miteinander kuscheln oder spielen, doch das Verhalten von Hund und Katze kann sehr schnell umschlagen und es kommt zu sehr schweren Unfällen, bei denen im Fall der Fälle leider der Vogel schwer verletzt wird und eingeschläfert werden muss. Dann ist die Frage: Ist es die Schuld des Hundes? Der Katze? Des Vogels? Nein. In jedem Fall liegt die Schuld eindeutig beim Halter, denn dieser hat seine Aufsichtspflicht verletzt und ist bewusst diese Gefahr eingegangen.

Auch wenn es jahrelang gut läuft, irgendwann kann alles passieren. Und dann ist entweder eines oder mehrere Leben zerstört. Daher ein dringlicher Appell an alle zukünftigen Halter: Schaffen Sie den Vögeln einen eigenen Raum, in den weder Hund noch Katze hineinkommen, und lassen Sie diese Tiere zusammen niemals unbeaufsichtigt!

DAS LEBEN MIT KLEINKINDERN

Insbesondere Kleinkinder können das Verhalten der Tiere nicht lesen oder die Warnzeichen erkennen. Einmal trotz Ermahnung von einem Vogel gebissen, kann dies zu schweren Verletzungen führen.

Kennen Sie die berühmte Macadamianuss? Ein durchschnittlich großer Papagei kann diese mit Leichtigkeit knacken. Also ist es hier Ihnen überlassen, wie Sie sich solch einen Unfall (auch bei Erwachsenen) ausmalen. Es ist also besser, keine Kinder im Haushalt zu haben, und wenn, dann im fortgeschrittenen Alter. Und lassen Sie das Kind oder die Kinder niemals unbeaufsichtigt mit den Tieren!

UNSCHEINBARE GEFAHREN IM HAUS

Fenster und Balkontüren, offen liegende Kabel und Steckdosen, grobmaschige Gardinen, Türen, diverse Pflanzen und Pflanzenerde, offene Küchen, Duftkerzen, batteriebetriebene Sprays, diverse Lebensmittel, Aschenbecher, tiefe Gefäße und Raucher!

Sie denken sich nun bestimmt: *Alles im Alltag!*

Und die Antwort ist: *Genau.*

Hier also Tipps, wie Sie den alltäglichen Gefahren entgegenwirken können und welchen Aufwand Sie damit haben, Ihre Wohnung Papageien- und Nerven-sicher zu machen.

• *Fenster und Balkontüren:* Vögel sehen in dem Glas nur die gespiegelte Umgebung. Daher ist es hier wichtig, jegliches Glas mit Fensterschutzfolien zu bekleben. Je kontrastreicher, desto effektiver. Sowohl für die eigenen Vögel als auch für Wildvögel, die draußen leben. Eine andere Möglichkeit sind feinmaschige Gardinen oder Fenster-Klemmjalousien.

• *Geöffnete und gekippte Fenster:* Fenster können von außen mit Fliegengitter und einem fest angebauten Alurahmen gesichert werden, jedoch besteht dann immer noch die Gefahr, dass sie bei einem gekippten Fenster zwischen Glas und Gitter hängen bleiben und gequetscht werden. Daher die Fenster nie kippen, immer ganz öffnen und die Vögel vorher bei einer nicht vorhandenen Ausbruchssicherung in die Voliere sperren oder das zu lüftende Zimmer verschließen.

• *Offen liegende Kabel und Steckdosen:* Hier helfen schon wie bei Kleinkindern einfache Schutzvorrichtungen wie Kabelkanäle und Steckdosenabdeckungen. Wer es sicher machen möchte, sollte Aluminium oder Edelstahlrohre verwenden.

• *Grobmaschige Gardinen:* Hierin können sich die Vögel leicht verfangen! Unbedingt gegen feinmaschige Gardinen oder Fenster-Klemmjalousien austauschen.

• *Türen:* Da Vögel allgemein sehr gern auf schmalen Türen sitzen, können die Tiere bei einem plötzlichen Luftzug eingeklemmt werden oder sich die Füße quetschen. Manch einer hat mehr Glück und es erwischt nur eine Feder. Die Lösung dazu ist es, Türen immer zu verschließen oder einen Klemmschutz anzubringen, damit die Tür nicht zufallen kann.

• *Pflanzen und Pflanzenerde:* Es gibt sehr viele Zier- und Zimmerpflanzen, die leicht-, mittel- oder hochgiftig für Papageien sein können. Bitte lassen Sie sich im Voraus beraten, welche Arten der Pflanzen aus Ihrer Wohnung verschwinden oder gesichert werden müssen, denn die Auflistung zu den einzelnen Sorten/Arten ist zu lang, um sie alle hier aufzuzählen. Pflanzenerde kann ebenfalls giftig sein, denn sie beinhaltet diverse Düngemittel und Schimmelsporen. Also Expertentipp: Am besten den grünen Daumen in einem ganz anderen Raum, unzugänglich für Papageien, ausüben.

• *Offene Küchen:* So manche Dämpfe beim Kochen, Backen und Braten können schädlich für die Tiere sein. Auch beim Erhitzen von Pfannen und Töpfen, da diese eine Beschichtung haben und dadurch Dämpfe entstehen. Die Lösung hierfür: Küchentüren, wenn vorhanden, schließen, die Vögel in einem anderen Raum unterbringen und sehr gut lüften.

• *Duftkerzen und andere Raumdüfte:* grundsätzlich giftig für jegliche Art. Wenn Sie diese nutzen, dann nur, wenn die Tiere in einem anderen Raum untergebracht sind und Sie in Ihrem Raum lüften können.

• *Lebensmittel und andere Genussmittel:* Chips, Schokolade, Alkohol, Zigaretten! Alles giftig und schädlich für die Vögel. Am besten nichts offen liegen oder stehen lassen und auch niemals in Gegenwart der Vögel rauchen.

• *Aschenbecher und tiefe Gefäße:* Zigarettenstummel und Asche sind giftig für die neugierigen

Federfreunde. Tiefe Gefäße wie große, unförmige Blumentöpfe laden zum Verstecken ein, jedoch besteht dort auch die Gefahr, dass die Tiere zwar hinein, aber nicht mehr herauskommen. Daher diese Öffnungen unter allen Umständen verschließen oder ganz entfernen. Dasselbe gilt übrigens auch für Toiletten und Putzeimer, die mit Wasser gefüllt sind.

DIE WAHL DER RICHTIGEN ART

Sie haben sich vielleicht im Internet oder in verschiedenen Bildbänden mit den verschiedenen Arten auseinandergesetzt oder sie wurden von mir oben im Kapitel bereits erwähnt und das hat Sie auf einzelne Arten aufmerksam gemacht? Sehr gut.

Die Überschrift dieses Textes ist hier allerdings nicht richtig, denn die richtige Art für einen Halter gibt es nicht. Sie können die Art nur nach Ihrem eigenen Geschmack und der Fülle Ihres Geldbeutels auswählen. Ihr Geschmack liegt bei einem lieben und leisen, aber bunten Papageien? Dann sollten Sie hier schon den ersten Punkt setzen und sich von dem Gedanken verabschieden, einen Papageien zu holen, denn leise gibt es im Wortschatz dieser Vögel nicht. Und lieb im Sinne eines Kuscheltieres gibt es auch nicht. Das ist alles eine

Form des Vertrauens und des Trainings, welches Sie als Ziel vielleicht mit viel Geduld und jahrelangem Training erreichen können, wenn Sie sich anstrengen.

Wieso der Geldbeutel? Je nach Art, die Sie sich anschaffen wollen, bezahlen Sie pro Vogel im Schnitt zwischen 50 € bis 10.000 € (Für einen Hyazinth-Ara sogar 25.000 € pro Tier). Das kommt immer ganz auf die Art an, wie alt die Tiere sind und auch wie groß. Als Nächstes: Je größer ein Papagei ist, desto höher sind die laufenden und Anschaffungskosten. Große Vögel brauchen sehr viel Platz.

Die Anschaffung einer Voliere kostet je nach Größe zwischen 400 € bis über 1000 €. Hinzu kommen noch die Einstreu und die Spielzeuge, die Sie regelmäßig austauschen müssen, die auch noch mal insgesamt knapp 100 € bis 150 € kosten können. Wer die Tiere in der Wohnung auch frei fliegen lassen möchte und sich dabei einen Freisitz zulegen möchte, sollte auch hier noch mal mit ca. 150 € pro Freisitz rechnen (Es sei denn, Sie wollen den Freisitz als Eigenbau bauen). Für das Futter und die frischen Zutaten im Monat müssen Sie auch im Schnitt zwischen 50 € bis 100 € rechnen (darin beinhaltet sind Körnermischungen, Nüsse, frisches Obst und Gemüse sowie Mineralien). Natürlich sind diese Berechnungen nur eine Schätzung für zwei

Tiere. Die Tierarztkosten können auch pro Tier, im Falle einer Krankheit oder bei einem Check-up, bei fast 300 € bis 500 € liegen.

Fassen wir also die Anschaffungskosten anhand eines Beispiels von zwei Graupapageien zusammen:

2 Graupapageien (pro Tier 200 €)	400 €
Voliere	500 €
Einstreu	20 €
Transportbox (zweimal)	50 €
Ankaufuntersuchung (pro Tier 300 €)	600€
Spielzeug und Sicherungen	150 €
Freisitz	150 €
Monatliches Futter	75 €
	————
	1.945 €

Wie Sie hier also an diesem Beispiel sehen, müssen Sie mit beinahe 2.000 € für die Anschaffung rechnen. Überlegen Sie es sich also gut, für welche Art Sie nun das Geld haben könnten und bereit sind, auch dies auszugeben. Sie können nicht nach wenigen Monaten dann sagen, dass Ihnen die Haltung aus Kostengründen über den Kopf wächst und Sie die Tiere wieder abgeben. Das wäre wahnsinnig schade und ein großer Stress für die Papageien.

Fangen Sie also lieber bei den etwas kleineren und vielleicht auch etwas einfacheren Papageien an. Kleinere Papageien bedeuten eine kleinere Voliere und vielleicht nicht allzu viel Futter. Da gibt es zum Beispiel:

- *Agaporniden*: Sie sind bunt, klein, lebhaft, kaum größer als ein Wellensittich und lauter als Axl Rose (Sänger von Guns N' Roses), wenn er die höchsten Töne trifft. Ja, diese kleinen Quälgeister können aus ihrem Körper eine ordentliche Lautstärke herauspressen.
- Agaporniden werden auch die „Unzertrennlichen" genannt und werden in neun verschiedene Arten unterteilt. Sie werden im Schnitt 15 cm groß, sind Körnerfresser und schreddern sehr viel kaputt. (An dieser Stelle gedenke ich meiner Bücher, die einem solchen Agaporniden zum Opfer gefallen sind.)
- *Taranta-Bergpapagei*: Wegen ihres Aussehens und ihrer Größe sind sie leicht mit den anderen Agaporniden zu verwechseln, jedoch sind sie dafür ruhiger und flattern weniger. Tarantas sind eher die Spaziergänger und Kletterer. Sie fressen auch vorwiegend Körner und Kräuter und sind (etwas) leiser als ihre Artgenossen.

- *Sperlingspapagei*: Sie sind im Schnitt mit 13 cm so groß wie Wellensittiche, sie sehen aus wie Wellensittiche, doch ihnen fehlt der lange Federschwanz der Wellensittiche. Hier aber ein großes Achtung: Diese Tiere sollte man nach Expertenmeinung als mit mindestens drei Pärchen halten, denn zwischen nur zwei Hähnen kann es schnell zu territorialen Kämpfen kommen. Je mehr Pärchen also, desto besser. Sie fressen vorzugsweise Früchte und Gemüse.

- *Weißbauchpapagei*: Sie sind die verspieltesten und lebendigsten Papageien, die Sie sich zulegen könnten, doch sie benötigen viel mehr Aufmerksamkeit als alle anderen Arten, was sie auch mit ihrem lauten Rufen immer bemerkbar machen werden. Weißbauchpapageien werden bis zu 24 cm groß. Durch ihre Hyperaktivität fressen diese Papageien wesentlich mehr als ihre Artgenossen und sind eher auf Früchte und Gemüse fixiert, aber auch auf Nüsse und Sämereien.

- *Edelpapagei*: Sie sind im Gegensatz zu den vorher genannten Papageien eher eine größere Art mit ihren fast 35 cm Körpergröße. Dafür sind sie in ihrem knalligen grün und dem leuchtenden rot/blau ein echter Hingucker. Sie bevorzugen viel Freiflug und fressen gern Sämereien, Obst und Nüsse.

So viel nun zu den Vorstellungen der kleineren Arten, die möglicherweise eher in den Geldbeutel und in Ihre Lebensplanung passen könnten. Sie haben immer noch die Möglichkeit, nach einem leichteren Einstieg mit den kleinen Arten, auch später auf die großen Papageienarten zu gehen. Es ist Ihnen überlassen, wofür Sie sich entscheiden. Egal, worauf Sie sich einlassen wollen, alle Tiere haben ihre Vor- und Nachteile.

Kauf und Einzug der Papageien

Sie haben sich also nun Gedanken dazu gemacht, welche Art von Papagei zu Ihnen passt und eine Allergie bei Ihnen oder in der Familie ist ausgeschlossen, somit kommt nun der nächste Schritt: die Suche nach einem geeigneten Tierarzt. Hier darf es sich nicht um einen Veterinär für Haustiere wie Hund, Katze oder Maus halten. Hierbei muss schon ein spezialisierter Tierarzt her, der sich eindeutig mit Vögeln und Exoten auskennt. Also ein vogelkundiger Tierarzt (kurz: VkTa). Auf diesem Gebiet gibt es jedoch nicht immer in jeder Stadt einen Vertreter, so kann es je nach

Bundesland und Wohnort dazu kommen, dass der nächste Spezialist über 50 km bis 100 km entfernt liegen könnte.

Im Kapitel „Eine Liste mit vogelkundigen Tierärzten nach PLZ sortiert" wird es eine Auflistung nach Einzugsgebiet (PLZ) der bekanntesten und besten spezialisierten Veterinären für Papageien und Vögel aller Art geben. Diese Liste wurde durch die Zusammenarbeit mehrerer Papageienhalter erstellt.

Sie haben also nun eine Vorstellung von der Art, die Sie haben wollen, eine Allergie ist ausgeschlossen und ein VkTa ist ebenso auf einer Notfallliste vermerkt? Dann kann es weitergehen.

ZÜCHTER, TIERHANDLUNG ODER VOGELPARK?

Die Suche nach einem Verkäufer oder Züchter – auch hier ist Achtung geboten: Der Verkauf über das Internet ist im Großen und Ganzen beherrscht von Betrügern und Vermehrern. Daher empfiehlt es sich, dass Sie gezielt nach Züchtern suchen, die Sie auch persönlich kontaktieren und besuchen können oder Sie wenden sich an einen Vogelpark sowie spezialisierte Vogelarztpraxen, die zur Arterhaltung und Zucht von

Papageien in Zusammenarbeit mit mehreren Verbänden stehen.

Einen richtigen Züchter erkennt man daran, dass er jeden seiner Schützlinge mit einem Zuchtring versieht. In Deutschland gilt für alle Papageien und Sittiche nach § 2 Tierseuchengesetz/Psittakose-Verordnung eine Kennzeichnung durch geschlossene oder offene Fußringe. Der Ring dient dazu, die Herkunft eines Vogels in einem Fall des Ausbruchs einer Papageienkrankheit zweifelsfrei feststellen zu können. Und diese Ringe wiederum erhält derjenige nur, wenn er eine Zuchterlaubnis besitzt und Mitglied eines Verbandes ist.

Auf dem Zuchtring steht beispielsweise die Kennzeichnung des Verbandes, in dem der Züchter gemeldet ist, die Züchternummer, die Größe des Ringes und in manchen Ausnahmen das Schlüpfjahr des Vogels. Hier sei auch gesagt: Züchter nehmen für den Kaufpreis je nach Art eine ordentliche Summe. Dafür erhält man aber gut gezüchtete, gesunde Tiere, die auch unter anderem auf die gängigsten Viren wie Psittakose (Chlamydien-Erkrankung), Polyoma, PBFD und PDD getestet wurden (aufgrund des eigenen Zuchtbestandes). Dennoch ist es immer gut, sich entweder eine Bestätigung in Papierform geben zu lassen oder mit den

Tieren noch einmal zu einem „Einzugs-Check-up" oder auch einer sogenannten Ankaufsuntersuchung zum VkTa zu gehen. Ihnen ist der Züchter zu teuer oder zu weit weg und der Vogelpark kann Ihnen auch nicht weiterhelfen? Sie wollen ein Tier aus der nächstgelegenen Tierhandlung haben? Dort gibt es auch durchaus eine Auswahl an wunderschönen Arten der Papageien. Der Vorteil: Sie können diese Tiere täglich besuchen gehen und auch ihr Verhalten beobachten. Es sollte ja schließlich kein vorschneller Kauf sein.

Der Nachteil bei den Tierhandlungen: Nicht immer haben diese ein Pärchen abzugeben. Es kommt oft vor, dass Tierhandlungen nur zwei Vögel als Paar geliefert bekommen und ein anderer Halter für seinen Schwarm gezielt nur ein Männchen oder ein Weibchen benötigt. Damit werden in der Tierhandlung auch einzelne Tiere verkauft und der andere Artgenosse bleibt allein zurück.

Hier ist dann nicht abzusehen, wie lange das Tier schon allein in der Voliere in der Zoohandlung lebt oder wie oft er beim Kauf übergangen wurde und seine Partner/innen gewechselt haben. Daher versuchen Sie bei der Erstanschaffung oder beim Aufbau eines Schwarmes, gleich beide Tiere zu kaufen oder bei einer ungeraden Zahl (beispielsweise drei Tiere stehen zum

Verkauf) direkt den Dritten mitzunehmen. So bleiben die Tiere mit ihrem bereits bekannten Partner oder Schwarm zusammen.

In den Tierhandlungen werden die Tiere beim Verkauf immer kurz gecheckt: Ob die Augen in Ordnung sind, Schnabel und Nasenlöcher frei und unverkrustet, die Flügel in Ordnung und beweglich, sowie eine freie Kloake. Der Verkäufer gibt auf einem sogenannten Heimtierpass die Daten und den Check an und dass er seiner Meinung nach gesunde Vögel verkauft hat, die offensichtlich keinerlei Anzeichen einer Erkrankung oder Verletzung haben.

Es empfiehlt sich hier dennoch, beim Erhalt der Tiere direkt bei einem VkTA vorstellig zu werden, um die Tiere vorab auf die gängigsten Erkrankungen untersuchen zu lassen und auch eine Geschlechtsbestimmung zu machen! Es kann vorkommen, dass auch gleichgeschlechtliche Tiere verkauft werden, obwohl Männchen und Weibchen vom Verkäufer angegeben wurden!

DIE WAHL DES WOHNORTES

Bereits in den vorherigen Kapiteln wurde das Thema des geeigneten Wohnortes beziehungsweise die

Unterbringung der Papageien angesprochen. Wichtig wäre für den Standort einer Voliere im Raum, dass die Tiere beim Lüften nicht im Zug stehen oder beim Kochen die Dämpfe abbekommen können. Sie sollten auch Ruhe haben, wenn man oft Besuch erhält oder Raucher in der Wohnung sind. Dennoch ist bei sehr vielen Haltern das Wohnzimmer die erste Wahl, da dort das Leben der ganzen Familie stattfindet und immer etwas los ist.

Wer den Platz oder den Raum hat, kann seine neuen Lieblinge auch in einem separaten Raum beziehungsweise deren eigenen Vogelzimmer unterbringen, in dem sie fliegen, toben, schreien und ungestört ihrem Schwarmleben nachgehen können. Wer einen Garten oder einen großen Balkon draußen zur Verfügung hat, kann die Tiere auch mit den richtigen Vorkehrungen und einem Schutzhaus draußen halten. Alles ist möglich. Doch auch alles hat seine Vor- und seine Nachteile.

DIE GRÖSSE UND EINRICHTUNG DER VOLIERE

Fällt die Wahl aus Platzgründen auf eine Voliere:
Ein kleiner Käfig ist definitiv ungeeignet – es sind

schließlich Vögel und nicht nur Kletterkünstler. Der Art entsprechend sollte die Voliere groß genug sein, sodass der Vogel auch kürzere Strecken fliegen kann. In den meisten Empfehlungen wird von einem Mindestmaß einer Voliere von 1 m x 2 m x 2 m für die kleineren Arten, wie beispielsweise dem Sperlingspapageien oder Agaporniden, gesprochen. Bei den großen Arten wie Aras, Graupapageien oder Amazonen wird eine Mindestgröße von 6 m x 2 m x 2 m gefordert.

Wer sich für eine Haltung in der Voliere entscheidet, sollte folgende Punkte beachten:

Das Metall des Käfigs: Die eindeutige Entscheidung dazu ist immer Edelstahl. Es ist beständig, kann nicht leicht zerbissen werden und hat eine lange Lebensdauer. Aluminium wäre vom Gewicht her eine leichtere Alternative, was jedoch den Nachteil mit sich bringt, dass es nach einiger Benutzungszeit eine weiße Verfärbung aufweisen und im späteren Fall zu einer Aluminiumvergiftung führen kann. Was auf keinen Fall verwendet werden sollte, ist Kupfer oder Zink. Im Großhandel finden Sie zu günstigen Preisen meist feuerverzinkte Volierendrähte, die mit Silikon oder anderen Materialien beschichtet sind. Bitte hiervon die Finger lassen, denn aufgrund dessen, dass Papageien mithilfe ihres Schnabels klettern, haben sie die Giftstoffe des Metalls oder kleinere Beschichtungsstoffe schnell in ihrem Blutkreislauf und werden dadurch nach und nach vergiftet.

• *Die Abstände und Dicke der Gitter:* Natürlich sollten die Abstände der Gitter nicht zu groß für die Tiere sein, sonst könnten sie an manchen Ecken herausschlüpfen und ausbrechen. Ebenso ist es wichtig, dass die Abstände klein genug sind, sodass sie es auch nicht schaffen, bei einer Kletterpartie mit dem Kopf oder den Füßen hängen zu bleiben. Es ist also ratsam, die kleinen Gitterabstände zu nehmen (ca. 3 cm), um Unfälle zu vermeiden. Als kleines Zusatzfazit: je kleiner die Gitterabstände, desto höher die Abwehr gegen Nagetiere und andere ungebetene Gäste. Auch die Dicke des Drahtes ist hier sehr wichtig: Die großen Papageienarten zerbeißen einen dünnen Draht schneller, als man „Edelstahlvolierenbau" aussprechen kann. Für diese Arten ist also eine Drahtstärke von mindestens 3 mm Dicke erforderlich! Bei den kleineren Arten, die keine große Beißkraft haben, reichen auch 1,5 mm bis 2 mm Dicke.

• *Die Einrichtung der Voliere:* Holz, Holz und nochmals Holz. Als Sitzstangen, als Knabberspielzeug, als Nahrung, als Nistmaterial, als Schaukel, große und dicke

Stämme, kleine und dünne Äste, mit Blattwerk oder ohne. Alles ist hierbei erlaubt. Besonderer Vorteil an Naturhölzern: Die natürliche Abnutzung von Krallen und Schnabel sowie das Training für das Gleichgewicht und Fliegen. Je mehr natürliche Beschäftigung, desto wohler fühlen sich die Tiere.

• *Einstreu der Voliere:* Hier gibt es keine Vorschriften. Vögel nutzen alles zum Graben und Nestbau. Viele Halter bevorzugen eine Mischung aus Hanfstreu und Buchenholzgranulat. Ein Vorteil davon: Die Vögel können damit graben und scharren. Ein menschlicher Vorteil: Es ist Staub-arm und für Pollenallergiker geeignet. Wer den Tieren zusätzlich etwas Gutes tun will, nutzt Tonschalen mit Sand gefüllt. Vögel lieben es, darin zu scharren und ein Sandbad zu nehmen. Es fördert die Gesundheit und nutzt somit auf natürliche Art und Weise die Krallen ab. Erde kann auch als Einstreu genutzt werden, jedoch besteht hier die Gefahr von Schimmel und natürlichen Parasiten, die mit der Erde ins Haus gelangen. Erde ist nie ganz trocken, sondern hat einen gewissen Feuchtigkeitsgehalt und kann zu einem übermäßig feuchten Klima in der Wohnung beitragen.

• *Spielzeug:* Weidengeflechte mit Knabbereien, Papier, Holzspielzeug, alles aus natürlichem Material. Zum

Klettern eignen sich auch Seile, wobei Sie immer darauf achten sollten, dass die Tiere die Seile nicht zu sehr in lose Fäden knabbern. Daher bitte immer rechtzeitig austauschen und lieber Hanf- oder Juteseile anwenden, anstatt die weichen Baumwollseile. Als zusätzliche Beschäftigung können auch Rätselspielzeuge angebracht werden, die aber niemals ohne Aufsicht bespielt werden sollten. Es besteht dabei immer die Gefahr, dass die Tiere sich darin verklemmen oder Dinge verschlucken, die sie nicht verschlucken sollten. Grundsätzlich wird von Acrylspielzeugen bei Papageien abgeraten! Die Tiere haben die Stärke, das Acryl wie Glas zu zerbeißen, und können sich an den Splittern ernsthaft verletzen!

• *Vogeltränke und Futterschalen:* Am ehesten eignen sich große flache Tonschalen auf dem Boden, sodass die Tiere einfach herankommen und sie nicht herunterwerfen können, oder Edelstahlnäpfe, die man gut in Konstruktionen befestigen kann.

• *Bademöglichkeiten:* Dazu eignen sich große Auflaufformen, flach mit Wasser befüllt oder Tonschalen, die am Boden stehen.

Steht ein großer Raum als Papageienzimmer zur Verfügung? Hier können Sie sich und den Tieren an

Kreativität freien Lauf lassen. Sie können das Zimmer wie eine Voliere einrichten, sollten aber vorher drei Grundregeln beachten:

• *Erstens:* Sichern Sie die Fenster mit einem Fenstergitter, für den Fall, dass Sie mal lüften wollen, ohne dass die Tiere wegfliegen. Dazu gibt es bestimmte Alugitter-Bauteile, die man im Rahmen befestigen kann. Stromkabel und andere Bausubstanzen müssen gut verbaut und gesichert werden, damit die Tiere nicht dran kommen!

• *Zweitens:* Nutzen Sie keine Lacke und besondere Tapeten in den Zimmern, da die Tiere in (nicht nur) ihrem eigenen Raum an die Wände gehen und daran kratzen oder nagen. Wie oft kam es bereits vor, dass das Zimmer einmal mehr renoviert werden musste, weil die Tiere die Wand bis auf die Grundmauer in ihrem Spieltrieb oder auf der Suche nach einer Nistmöglichkeit niedergenagt haben! Wer sich den Ärger mit dem Renovieren ersparen möchte, kann die Wände mit Acrylglasplatten verdecken.

• *Drittens:* Verabschieden Sie sich von Ihren Möbeln, wenn Sie diese in dem Raum stehen lassen wollen. Papageien haben immer den Trieb, alles in ihrer Neugier zu zerlegen. Seien es Schränke, Regale, Tische oder

Sofas, manchmal sogar auch Lampen. Auf der Suche nach Beschäftigung oder einer Nistmöglichkeit können manche Arten sogar Löcher in die Wände nagen. Wenn Sie den Tieren eine besondere Art der Behausung mit Regalen und Co. bieten wollen, dann sichern Sie Ihre Möbelstücke wie Schränke und Regale an den Wänden und achten Sie darauf, dass sie weder mit giftigem Lack behandelt noch auf andere Art und Weise für die Tiere schädlich sein können. Nutzen Sie natürliche Holzarten oder Edelstahlkonstruktionen.

Ansonsten kann Ihnen hier bei der Einrichtung freie Hand gelassen werden. Bei der Reinigung des Bodens müssen Sie natürlich eine größere Fläche säubern, ohne auf harte Chemikalien zurückzugreifen. Wenn Sie sich entscheiden, Ihren Fußboden mit einem Einstreu auszulegen, ist auch hier mit einem Kostenmehraufwand wegen der Menge zu rechnen.

Bei der Möglichkeit, eine Außenvoliere zu bauen oder einen kompletten Balkon zu benutzen: Hier gilt noch mehr Vorsicht als bei den Innenraumvolieren. Wenn hier etwas kaputtgeht oder nicht richtig gesichert ist, können die Tiere verletzt werden oder gar entfliegen.

Wichtig ist auch hier zu beachten, dass Sie je nach

Größe der Voliere auch eine Baugenehmigung benötigen oder die Erlaubnis Ihres Vermieters, etwas an dem Gebäude verändern zu dürfen. Bedenken Sie die Gefahren bei Unwetter oder kräftigen Stürmen und lassen Sie sich zu dem Thema Außenvolieren nur von Experten beraten, die Ihnen Angebote machen können zum Material, dem Aufbau und der Sicherung der Volieren. Hier wird geraten, definitiv keinen Versuch zu unternehmen, auf Marke Eigenbau zu setzen!

Für eine Außenvoliere werden auch ein Schutzraum (beheizt) und eine Überdachung benötigt. Die Tiere brauchen im Winter einen Rückzugsort, den sogenannten Schutzraum, der mindestens 12 °C warm ist, sodass die Tiere nicht erfrieren können. Ideal ist ein beheizter Raum und eine gesicherte UV-Lampe für die tägliche Portion Vitamin D, wenn sich die Sonne nicht mehr am Himmel blicken lässt.

Quarantäne-Unterbringung:

Es kann durchaus vorkommen, dass eines der Tiere erkrankt und dann unbedingt aus dem Schwarm geholt werden muss. Stellen Sie also sicher, dass Sie eine kleine Quarantänevoliere haben, in der Sie den kranken Vogel abgesondert von den anderen Tieren gesund pflegen können.

UNSICHTBARE GEFAHREN IN DER VOLIERE

Wie im oberen Kapitel erwähnt und hier noch mal wiederholt, sollte ein besonderes Augenmerk auf die Volierendrähte gerichtet und gut durchdacht sein. Nicht jedes Material ist geeignet, kann entweder zu dünn sein und sie entfliegen lassen, wenn sie sich hindurch genagt haben, oder zu Vergiftungen der Tiere führen.

Ebenso zu beachten ist die Größe der Abstände der Gitter oder des Drahtes. Je kleiner der Abstand, desto weniger die Gefahr des Hängenbleibens mit Krallen oder Kopf. Und je dicker der Draht, desto geringer die Gefahr, dass die Voliere kaputt gebissen wird oder bei einem panischen Auffliegen der Draht bricht.

Eine weitere unscheinbare Gefahr sind tiefe Gefäße zum Baden oder die Vogeltränken. Es müssen immer flache Gefäße sein, meist nur zur Hälfte oder dreiviertel gefüllt, um zu verhindern, dass die Tiere darin ertrinken.

Die Türen der Volieren müssen immer doppelt gesichert sein, sowohl mit einem Hebel als auch mit einer Drehscheibe, welche die Tiere nicht von allein öffnen können. Zur Not kann man die Hebel/Riegel mit Schlössern von außen sichern. Papageien sind sehr

kluge Tiere und haben eine überaus gute Beobach-
tungsgabe. Sie verstehen Mechanismen sehr schnell
und können diese mit der Zeit als Wissen anwenden,
um aus der Voliere zu entkommen und mal eben spa-
zieren zu gehen. Wer dann einmal das Fenster geöffnet
hat, weil er sich sicher fühlte, die Vögel eingesperrt zu
haben und nicht damit rechnet, kann anschließend den
wehenden Schwanzfedern der fliehenden Tiere hinter-
her sehen, die sich aus einer Voliere befreit haben.

Wer eine Freilandvoliere/Außenvoliere einrichten
möchte, sollte immer an eine Schleuse denken, damit
die Vögel beim Betreten oder Verlassen der Voliere
durch einen Menschen nicht entwischen können. Eine
Schleuse bedeutet, vor der eigentlichen Tür der Voliere
noch einen kleinen geschlossenen Raum mit einer weiteren Tür anzubringen. Für den Fall, dass einer der
quirligen Federfreunde durch die offene erste Tür ent-
wischt, bleibt er in dem geschlossenen Zwischenraum
stecken und Sie können ihn zurück in die Voliere bringen.

Eine Außenvoliere benötigt am Boden auch eine
Grabentiefe von mindesten 60 cm bis 1 m für den Vo-
lierendraht beziehungsweise die Volierenwände, sodass sich Fuchs, Marder und Ratten oder andere Nager
und Raubtiere nicht so einfach unterirdisch

durchgraben können. Es ist also auch empfehlenswert, den Boden und die Gitterwände zu betonieren.

EINMAL PUTZEN, BITTE!

Seien wir mal ehrlich: Keiner mag es, ständig zu putzen. Meist machen wir Menschen nur das Nötigste, um Ordnung zu halten, oder haben jemanden im Leben, der ein sehr reinlicher Mensch ist und uns die Arbeit abnimmt. Doch wer sich Papageien ins Haus holt, darf nicht erwarten, dass sie mit Putzlappen und Eimer einziehen und ihren eigenen Dreck wegmachen.

Daher wird dies eine große Umstellung für Sie sein, den Tieren ein sauberes Umfeld zu bieten. Kot- und Futterreste, Staub und Dreck werden jeden Tag anfallen. „Große Vögel, großer Dreck, kleine Vögel, kleiner Dreck" lautet ein Sprichwort und dennoch kommt es auch immer auf die Anzahl der Tiere an. Wenn Sie den Dreck nicht zeitnah beseitigen, kann es zu Krankheiten und Infektionen der Vögel und auch der Menschen führen. Ein Vogel lässt im Durchschnitt alle 10 Minuten einen Kothaufen ab. Alle Achtung, eine gesunde Verdauung.

Es gibt keine wirkliche Faustregel, wie oft Sie die Voliere reinigen müssen. Das sollte eher der gesunde

Menschenverstand Ihnen sagen. Wenn Sie merken, es ist zu viel Dreck, dann wird es definitiv Zeit für eine Grundreinigung sein.

Mit jeder Reinigung, die Sie durchführen, werden Sie Aufgaben und Schritte erkennen, die sich optimieren lassen, und was Ihnen am Anfang langatmig und stressig vorkommt, wird Ihnen mit der Zeit leichter fallen.

• Tipp 1: Setzen Sie vor dem Beginn der Reinigung der Voliere die Tiere in einen anderen Raum und lassen Sie diese von jemand anderem beaufsichtigen. Sie können sich mit Ihrem Partner absprechen, um sich bei dieser Arbeit auch abzuwechseln. Damit haben Sie dann freien Zugang zu der Voliere, ohne dass aufgeschreckte Vögel Ihnen um den Kopf fliegen und Sie mit ihrem Geschrei irre machen.

• Tipp 2: Entfernen Sie erst alle Sitzgelegenheiten und Spielzeuge. Sie können diese in die Badewanne legen und diese mit heißem Wasser befüllen. Durch das Einweichen löst sich schon ein Großteil des Drecks von allein und erspart Ihnen das nervige Schrubben.

• Tipp 3: Nutzen Sie keine chemischen Reinigungsmittel. Die Gerüche und die Rückstände, die diese Mittel hinterlassen, können schädlich für die Tiere sein, die in der Voliere alles anfassen und in den Schnabel nehmen. Weichen Sie also auf einen biologisch abbaubaren Schaumreiniger aus. Dieser ist ein speziell angefertigter Schaum, extra für Vogelhalter und unschädlich für die Tiere, aber sehr effektiv beim Reinigen von schwer löslichem Dreck (beispielsweise Kot und getrocknete Essensreste). Hier empfiehlt es sich unter anderem, das Produkt Bactozol-Schaumreiniger zu nutzen oder einfach ein paar kleine Spritzer Essigessenz in einen Eimer mit heißem Wasser zu geben.

• Tipp 4: Nutzen Sie natürlich einen Lappen oder ein feuchtes Tuch, um alle Rückstände am Käfig zu entfernen. Anschließend reiben Sie die Gitter mit einem Handtuch wieder trocken.

• Extra-Tipp: Wenn Sie einen Dampfdruckreiniger haben (Kärcher), können Sie auch die Voliere rausstellen und mit dem Strahler bearbeiten. Durch den Abbau der Voliere haben Sie allerdings keine Zeitersparnis, sondern unter Umständen noch mehr Arbeit.

• Tipp 5: Wenn Sie alle Gerätschaften mit Tüchern und extra dafür abgestellte Zahnbürsten gesäubert und getrocknet haben, hängen Sie diese nicht wieder an die gleiche Stelle rein. Sie können für mehr Abwechslung sorgen, wenn Sie die Gegenstände an einer anderen Stelle anbringen.

- Tipp 6: Reinigen Sie die Trink- und Futtergefäße ausgiebig und trocknen Sie diese auch sehr gut ab.

Da fällt mir im Nachhinein doch eine Faustregel ein:

Täglich müssen die Futterschalen, Trinkgefäße und Badewannen gereinigt werden. Auch Futterreste von Obst und Gemüse sollten entfernt werden, um Schimmel und Ungeziefer zu vermeiden.

Wöchentlich sollte zumindest die Voliere und das Spielzeug komplett gereinigt werden

Monatlich reicht es aus, die Sitzstangen und Äste zu reinigen oder auszutauschen und neues Spielzeug hineinzuhängen, um mehr Abwechslung zu bieten.

Körperliche Bedürfnisse

Alle Papageien haben, wie jede andere Art von Tier auch, gewisse Grundbedürfnisse, die sie jeden Tag verrichten. Dazu gehören die Gefiederpflege, die teilweise stundenlang durchgeführt wird, bis hin zum abwechslungsreichen und ausgewogenen Futter und kleinen Spa-Einheiten.

Ein Papagei sollte zweimal am Tag gefüttert werden. Die Futtermenge richtet sich nach Alter, Gattung und Gesundheit des Tieres.

Je nach Herkunft und Gattung der Tiere gründet sich die Ernährungsbasis auch auf Körner, Obst,

Gemüse, Nektar, Kalzium- oder Protein-reiche Nahrung, Molkereierzeugnisse, Gewürze, Mineralstoffe und auch gelegentlich Fleisch.

Amazonen beispielsweise haben einen erhöhten Bedarf an Vitamin A. Für sie kommen Spinat, Kürbis und sogar Chilischoten (alles mit einem hohen Vitamin-A-Gehalt) infrage. Da sie aber auch eine Neigung dazu haben, schnell übergewichtig zu werden, sollte man mit der Dosierung des Körnerfutters oder proteinhaltiger Nahrung vorsichtig und ausgewogen sein.

Aras wiederum sind auf Proteine, Fett- und Kohlenhydrate angewiesen. Sie sind hauptsächlich Nussfresser, insbesondere derer, die einen hohen Protein- und Fettgehalt haben. Macadamianüsse, Mandeln, Paranüsse, Pinienkerne und vieles mehr sind ihre Hauptnahrungsquelle. Graupapageien haben dagegen einen überaus hohen Bedarf an Kalzium, der mit getrockneten Bohnen, Grünkohl und Tofu sowie manchen Molkereierzeugnissen wie Hüttenkäse, Joghurt oder Eiern abgedeckt werden muss.

Sonderlinge unter den Papageien sind die Loris als Pinselzüngler. Sie ernähren sich hauptsächlich von Blütennektar und kommen beispielsweise nicht als Samenfresser in Betracht.

NÜSSE, BEEREN, OBST, GEMÜSE ODER NEKTAR?

Wie Sie also sehen können, hat jede Art ihre Ernährungsbedürfnisse mit einem Hauptaugenmerk auf gewisse Nahrungsinhalte. Was jedoch Ihre neuen Lieblinge besonders bevorzugen und fressen, müssen Sie auf eigene Faust herausfinden.

Bieten Sie einfach alles an und beobachten Sie, welches Tier eine Vorliebe für eine Speise hat und welche Speise komplett verschmäht wird. Dies ist eine Aufzählung an Obst und Gemüsesorten, die verfüttert werden dürfen:

Äpfel, Ananas, Aprikosen, Bananen, Birnen, Datteln, Feigen, Granatapfel, Grapefruit, Guaven, Honigmelonen, Kaktusfrucht, Kirschen, Kiwis, Kokosnuss, Goldorange, Litschi, Limetten und Zitronen, Mangos, Mandarinen, Pfirsiche, Physalis, Papayas, Pflaumen, Heidelbeeren, Erdbeeren, Auberginen, Bambussprossen, Bohnen, Blattkohl, Blumenkohl, Chicorée, Endivien, Erbsen, Fenchel, Koriander, Lauchstangen, Mais, Mangold, Paprika, Stangensellerie, Kopfsalat, Gurke, Brokkoli, Karotten, Knollensellerie, Knoblauch, Rucola, Spinat (in geringen Mengen) Süßkartoffeln, Jamswurzeln, Zucchini.

Dies sind Produkte, die als Molkereierzeugnisse verfüttert werden dürfen:

Hüttenkäse, Joghurt, Eier (auch mit Eierschale, aber nur in Maßen), Käse (Mozzarella, Parmesan, Schweizer-Käse).

Fleischsorten, die manche Arten wegen des Knochenmarks verspeisen:

Hühnchen (möglichst Flügelspitzen, Schenkelknochen und Flügelknochen), Thunfisch (nur in Wasser eingelegter Thunfisch! Vorsicht wegen des Salzgehalts!), Leber (stets gekocht!), Rippchen (natürlich ungewürzt und nur in geringen Mengen!)

Nüsse, die alle Arten fressen dürfen:

Mandeln, Paranüsse, Cashewnüsse, Haselnüsse, Macadamianüsse, Erdnüsse, Pekannüsse, Pinienkerne, Pistazien, Sonnenblumenkerne (in Maßen) und Walnüsse.

Absolutes Top-Tabu an Nahrungsmitteln

• *Fruchtkerne:* Alle Früchte mit Kernen enthalten Blausäure oder Zyanid (beispielsweise Apfelkerne). Daher verfüttern Sie immer nur das Fruchtfleisch, niemals die Kerne!

- *Avocados:* Obwohl nur der Kern im Grund giftig ist, kann das Toxin auch im umliegenden Fruchtfleisch vorkommen. Verzichten Sie also lieber auf dieses Nahrungsmittel – zum Wohle Ihrer Federfreunde.

- *Zucker:* Zucker führt, wie auch bei Menschen, zu Diabetes. Er führt aber auch zu Pilzinfektionen, Herzerkrankungen, Kalziummangel und auch zu Federrupfen oder Angstzuständen. Also auch hier keine Schokolade oder Ähnliches verfüttern.

- *Koffein:* Was für Menschen nicht immer gut ist, ist es für die Tiere definitiv nicht. Es kommt in Kaffee, Limonaden und Tee vor. Es führt zu Hyperaktivität und Unruhe und kann auch der Auslöser von Federrupfen sein.

- *Salz:* Vögel können Salz nur sehr schwer bis gar nicht verarbeiten. Daher hier Vorsicht vor Nierenerkrankungen!

- *Alkohol:* Die Leber von Vögeln kann keinen Alkohol abbauen! Also Finger weg und auch gar nicht erst probieren lassen. Es führt nur zu irreparablen organischen Schäden.

- *Schwefel:* Viele Trockenfrüchte sind geschwefelt, um sie haltbarer für Menschen zu machen. Aber: Geschwefelte Produkte sind äußerst gefährlich für Vögel. Daher greifen Sie bitte auf biologische Produkte zurück oder backen Sie eigenes Obst für Ihre Lieblinge.

BESONDERE POWER-UPS

Jedes Tier benötigt in gewissen Jahreszeiten oder bei leichten Mangelerscheinungen besondere Power-ups. Diese Power-ups bestehen besonders aus Vitaminen und Mineralstoffen, die man als Nahrungsergänzungs-mittel unter das Futter mischen kann.

Korvimin (ein Nahrungsergänzungsmittel zur Un-terstützung der Mauser bzw. bei geschwächten Tieren)

• *Nekton Tonic K* (ein Nahrungsergänzungsmittel mit einem hohen Anteil von Vitamin K, Verabreichung übers Futter)

• *Nekton Tonic S* (ein Multivitaminpräparat, Verabrei-chung ins Trinkwasser)

• *Nekton Tonic B* (ein hochkonzentrierter Vitamin-B-Komplex, den man bei Mangelerscheinungen und ner-vösem Verhalten gibt, Verabreichung übers Futter)

Kräuter wie Petersilie, Basilikum, Schnittlauch, Dill, Thymian, Pfefferminze, Koriander, Majoran, Salbei und Rosmarin sind zusätzlich stärkende und gesunde Mittelchen zum Erhalt der Gesundheit Ihrer Tiere.

GEFIEDERPFLEGE UND SPA-EINHEITEN

Papageien sind, was sie selbst betrifft, überaus reinliche Tiere. Sie putzen mehrmals am Tag ihr Gefieder, ihren Schnabel, ihre Krallen. Mit dem Schnabel werden Federn geputzt, geglättet und mit einem Schutzfilm überzogen.

Das ist lebensnotwendig, denn nur ein gut gepflegtes Gefieder taugt zum Fliegen und zur Temperaturregelung. In Schwärmen zeigen sich die Tiere durch gegenseitige Pflege sogar Zuneigung und arbeiten so an ihrem sozialen Verhalten.

Doch die Wahrheit für jeden Halter ist: Papageien sind richtige Dreckschleudern. Wer dachte, nur Katzen hätten ihr Personal, hat weit gefehlt. Mit Papageien verhält es sich nicht anders.

Durch das teilweise nur mehrminütige oder mitunter auch mehrstündige Säubern ihres Gefieders verteilen die Tiere ihren Puderstaub in ihrer Umgebung. Dieser Staub, der durch das Knabbern an Federkielen entsteht, fliegt durch die Luft und legt sich auf jegliche Oberflächen: Couch, Schränke, Sideboards, Wände und ebenso auf alles andere, was in den Raum gehört. Sie dürfen also jeden Tag putzen oder saugen, wenn

Sie als Halter dem Puderstaub auf Dauer Herr werden wollen. Ebenso verhält es sich mit der Pflege des Schnabels. Nach jedem Futter, das die Tiere erhalten, säubern sie ihren Schnabel an den Sitzstangen. Doch was passiert, wenn der Vogel gar nicht in der Voliere und demnach auf keiner Stange sitzt? Dann werden Sofas, Schränke oder sogar die Schulter des Halters zum Abreiben benutzt.

Nach besonders feuchten Früchten, wie zum Beispiel Trauben, schütteln Papageien ihren Kopf, um die Reste vom Schnabel zu entfernen. Sie haben keine Ahnung, wie weit so ein kleiner Restfetzen einer Traube fliegen kann – und wie gut er an Wänden kleben bleibt. Mitunter entdeckt man den Schmutz erst nach Tagen und je nach Fleck ist die Entfernung und Reinigung dann nicht mehr so leicht.

Ja, nach so einem ausgiebigen Headbang des Tieres fliegt alles davon und wird zu einem unhygienischen und unästhetischem Problem für viele Halter. Daher ist für Sie nach jeder Fütterung dann Putzen angesagt. Bestellen Sie sich also einen Vorrat an Küchentüchern und stellen Sie diese immer in Reichweite.

Papageien haben auch eine bestimmte Zeit im Jahr, in der sie das gesamte Federkleid wechseln. Das bedeutet, dass die großen wie kleinen Federn und auch

Daunen abgeworfen werden, damit neue nachwachsen können. Diese Zeit nennt man die Mauser. Während einer Mauser verlieren Papageien am Tag so viele Federn, die sie teilweise wahrscheinlich erst nach dem Möbel-Verrücken wiederfinden, sodass Sie sich aus der Menge einen völlig neuen Papageien basteln könnten.

Durch kräftiges Schütteln und Flattern sowie intensive Pflege wird das Wohnzimmer also sehr schnell aussehen, als hätten Sie ein Daunenkissen zerrissen. Halten Sie sich also auch hier sowohl Besen und Schaufel oder den Staubsauger bereit und achten Sie besonders auf die Lücken unter den Möbeln und den Schränken. Wenn Sie Ihren Tieren etwas Gutes tun wollen, so unterstützen Sie die Pflege des Gefieders während der Mauser mit sogenannten Nahrungsergänzungsmitteln oder „Mauser-Hilfe", einem kleinen Mittel, das man dem Futter untermischen kann.

Als kleines Spa-Erlebnis gönnen Sie Ihren Lieblingen eine Regendusche aus einer Sprühflasche (Blumenflasche) mit einem Zerstäuber. Die Stärke oder Feinheit des Sprühers beziehungsweise Sprühnebels können Sie am Zerstäuber durch Drehen variieren, damit feine Wassertropfen oder ein härterer Strahl herauskommt. Das gefällt den meisten Tieren und Sie werden sehen, wie diese ihre Flügel ausbreiten, sich wie Fledermäuse kopfüber an die Stangen oder Decke der Voliere hängen und die Dusche genießen werden.

Anmerkung: Wenn Sie bereits mit den Tieren ein Training absolviert haben, können Sie den Papageien auch eine richtige Dusche in Ihrer Duschkabine im Badezimmer anbieten. Für die Pflege der Füße und Krallen: Eigentlich kümmern sich die Tiere auch selbst darum. Durch Knabbern und Scharren nutzen sie ihre Krallen und Hornhaut selbst ab. Doch es gibt auch Ausnahmefälle, in denen die Tiere das nicht von selbst können. Daher hier einen Tipp: Umwickeln Sie die Sitzstangen mit Schleifpapier (Feinheit 60–80). Das ist für die Tiere wie eine ordentliche Hobelbehandlung der Hornhaut an den Füßen für uns.

Bei der Pflege der Krallen müssen Sie die Tiere unterstützen. Die ersten Male wird der VkTa die Krallen schneiden, die nachfolgenden Male lassen Sie sich das Schneiden beibringen und bestellen Sie sich eine Krallenschere (siehe Kapitel Erste-Hilfe-Köfferchen).

Der Schnabel kann bei einigen Papageien auch als Krankheit auftreten, indem er Fehlwachstum aufweist. Dabei wächst das Horn des Schnabels zu schnell und muss regelmäßig vom VkTa zurück geschliffen werden – also wie wir Menschen, die mal zum Zahnarzt müssen.

Geistige Bedürfnisse

Jede Art will beschäftigt werden. Manche hören Radio und ahmen die Radiosprecher nach, andere Musik und trällern ein Ständchen. Die nächsten Papageien ahmen jegliche Art von Gehörtem nach, sei es eine Klingel, ein Handyklingelton, eine Rakete, das Martinshorn, das Bellen der Hunde und, und, und.

Sprachtraining, Denktraining, kombinations- und lösungsorientiertes Arbeiten mit Spielen und Rätseln. Die Bandbreite der Beschäftigung und des Trainings kann für Papageien sehr breit gefächert sein. Basketball spielen, Ringe werfen, Farben sortieren, puzzeln,

Kleingeld sammeln, Futtersuche: Alles ist für die Papageien ein großer Spaß und eine leichte bis harte geistige Beschäftigung. Einem Vogel so etwas beizubringen, wird sehr viel Ihrer Zeit in Anspruch nehmen. Sie können sich dazu viele Ratgeber in den Buchhandlungen holen.

In den nachfolgenden Abschnitten werden nur einige Arten der Beschäftigungen genannt, um sie wenigstens erwähnt zu haben. Doch fangen wir erst mal mit den Grundlagen und dem einfachsten an, wofür man nichts anderes als Geduld benötigt, um sich kennenzulernen.

Wenn Ihre Papageien endlich eingezogen sind, geben Sie ihnen die Zeit, die neue Umgebung zu inspizieren und sich zurechtzufinden sowie die Familie kennenzulernen. Das dauert normalerweise einige Tage, vielleicht auch eine bis zwei Wochen. Sie können es den Tieren erleichtern, indem Sie mit ruhiger Stimme mit Ihnen sprechen, ab und an mal mit einem gewissen Abstand an die Voliere herantreten und beobachten. Reden Sie viel mit Ihnen oder setzen Sie sich mit einem Buch in einen Sessel neben die Voliere und lesen Sie den Tieren etwas vor. Klingt zwar komisch, aber das monotone Lesen wirkt mit Ihrer Stimme beruhigend auf die Tiere und Sie werden früher oder später merken, wie diese nach und nach auch mal an die Volierengitter kommen, um Sie zu beobachten.

Wenn die Tiere sich eingewöhnt haben und Ihnen wenigstens schon so weit vertrauen, dass sie nicht mehr aufgeregt und laut schreiend davonfliegen, sobald Sie die Futter und Wasserschale wechseln, können Sie mit den einfachsten Grundlagen der Beschäftigung beginnen.

LEICHT

Das Spielzeug: Papageien nutzen alles als Spielzeug: Holz zum Knabbern, Papier zum Schreddern und Schmücken oder für den Nestbau, Einstreu zum Scharren und Verstecken, kleine Äste zum Rollen und Picken und Schreddern. Je mehr Papageien zum Zerlegen haben, desto mehr werden Sie auch beschäftigt sein. Umso mehr werden Sie auch selbst die Arbeit haben, den Dreck zu entfernen, denken Sie jetzt. Ja, durchaus. Sie können aber auch den Dreck nutzen, um das Futter darin verstecken. Da Papageien in der freien Natur zum Überleben ständig auf Futtersuche sind, ist es gut, wenn Sie ihnen das Futter verstecken und sie dieses suchen lassen. Dafür können Sie beispielsweise leere Klo- oder Küchenrollen nutzen, darin ein paar Nüsse verstecken und die Enden zusammen knicken. Die Tiere werden einen Heidenspaß daran entwickeln, die Rollen zu zerreißen, um an die Leckerlis heranzukommen. Nutzen Sie auch kleine Kartons, stechen Sie größere Löcher hinein und legen Sie das begehrte Futter in die Öffnungen. Sie werden staunen, wie lernfähig die Tiere sind, um an das Futter zu kommen.

MITTEL

(mit etwas Geduld und Ausdauer des Halters).

Jeder Halter wünscht sich einen Papageien, der handzahm ist oder auf Kommandos hört. Einen Papageien, der ohne Geschrei in die Transportbox geht oder sich mal einfangen lässt, wenn es sein muss. Doch dazu muss ein Grundvertrauen zwischen dem Halter und den Tieren bestehen. Vögel in einem Schwarm schauen sich sehr gern das Verhalten der Artgenossen ab und wenden dieses Wissen an, um sozial untereinander, miteinander und mit den Haltern zu interagieren.

Hier gibt es einen einfachen, aber langwierigen Trick: das Futter aus der Hand.

Wenn Sie herausgefunden haben, welcher Vogel welches Leckerli am liebsten hat, nutzen Sie dieses als Lockmittel. Legen Sie den Leckerbissen auf die geöffnete Hand (benutzen Sie zu Beginn einen Handschuh!) und nehmen Sie sich Zeit. Halten Sie die offene Hand mit viel Abstand an das Tier.

Wiederholen Sie diese Geste mehrere Minuten am Tag und mehrmals am Tag. Mit der Zeit werden die Tiere neugierig und mutiger, kommen näher an Sie heran und werden dann versuchen, an die Leckerei heranzukommen. Erschrecken Sie nicht, falls das Tier vielleicht mal an dem Handschuh zwickt. Sollte der Papagei jedoch fest zubeißen, scheuchen Sie ihn nicht weg und zerren Sie nicht Ihren Finger aus dieser Beißzange!

Behalten Sie die Konzentration, bewegen Sie den geklemmten Finger langsam, aber mit Nachdruck zurück und greifen Sie zur Not mit der anderen Hand langsam und vorsichtig an den Schnabel, um ihn mit Nachdruck (KEINE Gewalt!) zu öffnen. Ziehen Sie einfach die Hand zurück und nehmen Sie das Leckerli weg. Sie brauchen sehr viel Zeit und Geduld für dieses Spiel. Wenn Sie das Vertrauen gewonnen haben und die Tiere Sie akzeptieren, nutzen Sie die Rätselspiele. Dazu nehmen Sie einen Beschäftigungsball aus Gummi aus der Zoohandlung (wird meist für Hunde verkauft) und füllen Sie diesen mit Nüssen und anderen Leckereien auf. Schieben und rollen Sie den Ball immer wieder hin und her, lenken Sie die Aufmerksamkeit der Tiere auf das neue interessante Spielzeug und lassen Sie hier und da eine Nuss herunterfallen.

Die Papageien werden schnell verstehen, dass es etwas Ungefährliches ist und dass sie daran sehr schnell Spaß finden werden, wenn immer die Belohnungen herauskommen. Lassen Sie jedoch die Tiere nicht zu lange und niemals allein mit dem Spielzeug – sonst könnte es passieren, dass das Gummi dem Schnabel zum Opfer fällt und zerfetzt wird.

Eine weitere Beschäftigung, die wiederum etwas kniffliger sein kann, ist ein Spiel mit einer Konstruktion aus mehreren Schubladen und Öffnungen. Die Tiere haben hier die Schwierigkeit, dass sie entweder an einem Rad drehen müssen, um die Öffnung über eine Schublade zu bekommen, in der das Futter liegt, oder bei denen sie einen Stift ziehen müssen, um eine Schublade zu öffnen. Achten Sie darauf, wenn diese Spielzeuge aus Acryl oder Kunststoff sind, dass Sie die Tiere dabei nicht unbeaufsichtigt lassen.

SCHWER

Sie haben bestimmt schon im Alltag von Hundehaltern das Wort Clicker-Training gehört.

Es ist die intensivste Trainingsmethode, mit der Sie Ihre Papageien und sich selbst mehrmals am Tag beschäftigen können. Das Prinzip des Clicker-Trainings ist eine sanfte Art der Konditionierung, um den Tieren etwas beizubringen, ohne Frust aufzubauen. Hier arbeiten Sie ausschließlich mit einer positiven Verstärkung für das Verhalten der Tiere durch Belohnungen.

Das Klick-Geräusch eines Clickers bildet eine Brücke zwischen dem gewünschten Verhalten und der Gabe der Belohnung. Der Papagei weiß dann „Aha, hierfür werde ich belohnt." Diese Genauigkeit, mit der Sie Ihrem Vogel mitteilen können, welches Verhalten das Richtige war und belohnt wird, führt zu schnellen Lernerfolgen.

Wenn der absolute Lieblingsleckerbissen identifiziert ist, sollten Sie diesen nur noch im Training und selten oder gar nicht bei der normalen Fütterung anwenden.

Durch das Training lernen Ihre Papageien und Sie, einander besser zu verstehen und das Verhalten einander anzupassen. Sie lernen durch Beobachtungen, die Signale der Tiere zu verstehen. Die Tiere lernen wiederum, wie sie sich Ihnen gegenüber verständigen können und auch, was Sie von ihnen wollen. Sie lernen also auf bei einem gut durchgeführtem Training beiden Seiten, die Beziehung aufzubauen und zu vertiefen, einander zu verstehen und voneinander zu lernen. Dieses Training ist, wie bereits erwähnt, sehr zeitaufwendig, führt aber bei genauer und guter Umsetzung zu Erfolgen.

Mit dem Training könnten Sie den Papageien beibringen, auf die Hand zu gehen, beim Schneiden der Krallen ruhig zu bleiben, und auch, wie man sie in die Transportbox setzt und ins Auto bekommt, ohne dass die Tiere zusätzlichem Stress ausgesetzt sind. Sie können damit auch den Tieren die Angst nehmen, wenn Sie selbst zum Reinigen in die Voliere gehen. Oder, wer es künstlerisch und spielerisch haben möchte, kann mit dem Clicker-Training den Vögeln das Apportieren beibringen, das Puzzeln und auch die Ringspiele oder das Sortieren von Farben. Die Auswahl an Trainingseinheiten und Tricks ist überdimensional.

Clicker-Training

So viel nun im oberen Abschnitt, zur theoretischen Einleitung in dieses Training. Jetzt folgt eine Anleitung zur Umsetzung der Trainingseinheiten.

Was Sie dafür benötigen:
Einen Vogel (wer hätte es gedacht), einen Clicker (gibt

es in jeder Tierhandlung oder im Onlineshop zu kaufen) oder etwas Ähnliches, das die gleichen Geräusche macht (dazu gehören unter anderem Kugelschreiber, die in jedem Haushalt zu finden sind) und die Leckerlis (auch Verstärker genannt). Da es sich hierbei um ein Training und keine Fütterung handelt, sollten Sie die Leckerlis in ganz kleine Stückchen hacken oder bröseln, sodass Sie jederzeit Aktionen belohnen können, ohne den Vogel zu überfüttern.

Suchen Sie sich einen Raum, wo Sie ungestört mit dem Tier üben können, ohne es zu überfordern, und setzen Sie den Vogel auf eine Stange.

Nun zum ersten Schritt: Damit das Tier das Geräusch überhaupt kennenlernt und verstehen kann, dass es keine Angst davor haben muss, führen Sie den Klick direkt vor dem Vogel durch und geben Sie ihm sofort die Belohnung. Wiederholen Sie den Klick und die Gabe der Belohnung mehrmals hintereinander, lassen dem Tier jedoch 5 Sekunden Pause dazwischen.

Nach ein paar Wiederholungen wird der Papagei den Zusammenhang haben, dass der Klick eine Belohnung bedeutet und davor nicht mehr zurückzuschrecken braucht. Wiederholen Sie diese Übung 20-mal pro Trainingseinheit, dreimal am Tag, um den Vogel nicht zu langweilen. Sie können auch zusätzlich den

Papageien bei seinem Namen rufen, damit Sie ihn gleichzeitig darauf konditionieren auf Ihre Stimme, den Klang und seinen Namen zu reagieren und zu hören.

Ist der Vogel erst einmal auf den Klick eingestimmt, kann es im nächsten Schritt weitergehen und der erste Ansatz des Vertrauens geschaffen werden.

Die „Auf und Ab"-Übung.

Sie halten Ihre geöffnete Hand vor das Tier und darüber in der anderen Hand das Leckerli. Sobald der Papagei von sich aus das Leckerli entdeckt und auf Ihre Hand steigt, ziehen Sie das Leckerli etwas zurück, ohne es ihm direkt zu geben. Erst, wenn der Papagei mit beiden Beinen auf der Hand sitzt, belohnen Sie ihn sofort mit einem Klick-Geräusch und dem Leckerli.

Wenden Sie das auch umgekehrt an, indem Sie die Hand mit dem Leckerli über die Stange halten. Der Vogel soll dem folgen und erst wenn er mit beiden Beinen wieder auf der Stange sitzt, einen Klick und eine Belohnung geben.

Führen Sie diese Wiederholung mehrmals durch für einige Minuten. Klicken Sie immer erst dann, wenn der Vogel ganz, das heißt mit beiden Beinen, auf ihrer Hand sitzt. Klick, Belohnung. Umkehren, zurück auf die Stange. Klick, Belohnung.

Diese Übung sollten Sie mehrmals am Tag nur für einige Minuten durchführen. Achten Sie darauf, dass Sie wirklich nur das richtige Verhalten sofort belohnen, um keine Frustration hervorzurufen oder gar ein falsches Verhalten verstärken.

Wenn diese Übung nach einigen Trainingseinheiten sitzt und flüssig durchführbar ist, können Sie auch eine Schwierigkeit hinzufügen: Gehen Sie ein paar Schritte zurück und lassen Sie den Vogel zu Ihnen auf die Hand fliegen, indem Sie ihn rufen. Sollte er auf der Schulter landen, bitte nicht belohnen. Führen Sie ihn zurück auf die Stange, gehen Sie wieder ein paar Schritte zurück und rufen Sie ihn, belohnen Sie ihn wirklich erst, wenn er die Übung richtig macht und aus dem Flug auf Ihrer Hand landet. So lernen Sie und der Vogel auch den sogenannten „Rückruf", der später auch ohne Clicker durchgeführt werden kann. **Der „Rückruf"** ist insbesondere wichtig, wenn der Vogel einmal losfliegt und eine Richtung ansteuert, die Ihnen nicht gefällt, weil eine Gefahr lauern könnte. Sobald Sie seinen Namen rufen und die Übung in Fleisch, Blut und Federn übergegangen ist, wird er noch im Flug abdrehen und sofort zu Ihnen zurückkehren.

Wichtig hierbei ist: Üben Sie eine Einheit mehrere Tage hintereinander und niemals durcheinander.

Nun haben Sie ein Beispiel für den Aufbau des Clicker-Trainings erfahren und können es nach der obigen Anleitung durchführen. Mit diesem Grundwissen ist es auch möglich, andere Übungen zu erlernen, so zum Beispiel das „Medizinische Training".

Hierbei trainieren Sie die Papageien darauf, ruhig zu halten und mitzuarbeiten, wenn Sie diese wegen einer Verletzung oder bei einer Medikamentengabe untersuchen müssen. Dabei spielt auch das bewusste Anfassen eine Rolle, ohne dass die Vögel sich bedroht fühlen oder beißen, denn genau in solchen Situationen, wenn ihnen was zugestoßen ist, ist das Handling mit den Tieren überaus schwierig. Ihnen muss bewusst sein, dass die Tiere dann unter Schmerzen und Stress stehen und wie bei Menschen manchmal der Instinkt mehr durchbricht als das Gelernte. Seien Sie also geduldig und üben Sie immer wieder, um nichts zu verlernen.

Bei dieser Trainingseinheit des „Medizinischen Trainings" gestaltet es sich aber für den Halter und den Vogel viel schwieriger, miteinander zu arbeiten, da bei einigen Übungen der Clicker fehlt. Sie als Halter brauchen in den Übungssituationen dann beide Hände für die Übung, um den Vogel anzufassen und zu untersuchen. Da können Sie sich schlecht eine dritte Hand wachsen lassen, die für Sie das Klicken übernimmt. Üben Sie daher vor dem Anfassen, die Papageien auf ein bestimmtes Wort zu konditionieren. Sei es ein lautes kurzes „Ja!" oder „Prima!" oder „Gut!". Lassen Sie es kurz und knackig ausfallen, wie das Klick-Geräusch des Clickers.

Für den Beginn der ersten medizinischen Übung halten Sie einen Finger vor den Schnabel des Tieres. Wenn er Sie mit dem Schnabel anstupst, ohne Sie zu beißen, sagen Sie laut das „Ja!", klicken Sie und belohnen Sie das Tier sofort. Diese Übung muss sehr oft wiederholt werden, damit das Verständnis da ist, dass Sie ihn mit dem Finger oder den Händen nichts Böses wollen und er Sie nicht beißt, sowie die Verbindung vom Klicken und dem Wort „Ja" als Bestätigung.

In weiterer Stufe sollten Sie den Vogel auch mal an der Brust oder am Kopf mit dem Finger anfassen oder gar streicheln, ohne dass er Sie beißt. Belohnen Sie ihn immer wieder. Sobald Sie das Tier ohne aggressives Verhalten oder Drohungen anfassen können, geht es in den nächsten Schritt.

• *Flügelinspektion:* Streichen Sie langsam am Bauch entlang zu einem Flügel. Fangen Sie beispielsweise mit dem linken Flügel an. Schieben Sie Ihre Hand unter den

Flügel und heben Sie diesen langsam ein paar Zentimeter an. Klicken Sie, geben Sie die Belohnung und wiederholen Sie diese Übung. Es geht dann erst weiter, wenn Sie es erreichen, den Flügel weit zu spreizen, ohne dass der Vogel dabei abbricht oder Unmut zeigt. Bleiben Sie stets geduldig und wiederholen Sie immer und immer wieder. Irgendwann im Lauf des Trainings (nicht Trainingseinheit), wechseln Sie rüber zu dem anderen Flügel.

• *Fußinspektion:* Diese Übung dürfte etwas leichter ausfallen, wenn Sie beide die Übung „Auf und Ab" beherrschen. Hier ist lediglich der Unterschied, dass der Vogel nicht auf Ihre Hand steigen soll, sondern seinen Fuß wie zum Gruß ausstreckt. Hierbei können Sie das auch mit dem Spiel „Grüß dich" verbinden, bei dem der Vogel die Menschen grüßt und dabei den Fuß hebt. Bringen Sie ihm also ruhig den Trick auf diesen Befehl der Konditionierung bei. Wenn Sie diese Übung gemeistert haben, können Sie den Fuß auch anfassen, ein wenig strecken und untersuchen.

• *Kopfinspektion:* Diese Übung benötigt viel Vertrauen, da Vögel es nicht mögen, über dem Kopf angefasst zu werden. Ihr Instinkt in Freiheit ist immer, dass die Gefahr von oben kommt. Hier brauchen Sie also auch sehr viel Geduld und Zeit. Starten Sie bei dieser Übung auch am Schnabel und streichen Sie dabei immer wieder hoch zum Kopf. Wenn der Vogel es zulässt, klicken, „Ja" sagen und Leckerli geben. Die Übung ist erst abgeschlossen, wenn Sie das Tier ohne aggressives Verhalten am Kopf anfassen und auch mit der Hand abdecken können.

Das größte Vertrauen, das Ihnen Ihre Tiere zeigen können, ist es, wenn Sie es schaffen, den Vogel auf dem Rücken in die Hand zu legen. Dabei ist Ihnen das Tier komplett ausgeliefert – und Sie haben die höchste Stufe der Übungen gemeistert. Wenn Sie weitere Tipps und Tricks zur richtigen Durchführung benötigen, wenden Sie sich an Fachbücher zum Thema Clicker-Training oder direkt an Coaches, die Ihnen weitere hilfreiche Tricks zeigen können.

Müssen Sie einmal zum VkTa, sollten Sie auch mithilfe des Clicker-Trainings die Übungen durchführen, um den Vogel in eine Transportbox setzen zu können, ohne dass er dabei Stress verspürt und nicht eingefangen werden muss. So verringern Sie die Verletzungsgefahr für sich und das Tier.

Target-Training
Das Target-Training wird mit einem Stöckchen ausgeführt. Papageien haben von Geburt an die Neigung,

alle Stöcke oder Hölzer mit dem Schnabel anzutippen, was Ihnen in dieser Übung sehr gut in den Schoß fällt. Dazu nutzen Sie einen Target-Stick (es kann auch ein einfaches China-Essstäbchen sein oder ein langer, dünner Holzstab) und die Leckerli als Verstärker beziehungsweise Belohnung.

Schritt Eins: Halten Sie dem Tier das Stöckchen vor den Schnabel. Die Aufgabe des Tieres ist es, dieses Stöckchen mit dem Schnabel kurz anzutippen oder zu beknabbern. Er darf nicht mit den Füßen, sondern nur mit dem Schnabel agieren. Wenn das Tier diese Bewegung richtig dazu macht und den Stick mit dem Schnabel antippt, müssen Sie es sofort mit einem kleinen Leckerbissen belohnen. Wiederholen Sie diese Übung immer wieder und belohnen Sie den Vogel, sobald er die Bewegung richtig ausführt.

Sollte er zwischenzeitlich abdrehen oder mit dem Fuß greifen will, nehmen Sie das Stöckchen weg und belohnen Sie ihn nicht. Erst wenn der Vogel wieder aufmerksam ist, können Sie die Übung wiederholen. Achten Sie aber darauf, dass Sie eine Trainingseinheit auch hier nur wenige Minuten durchführen, ehe der Vogel die Lust verliert oder sich überfordert fühlt. Machen Sie zwischendurch Pausen, wenn Sie merken, dass das Tier die Übung nicht richtig durchführt, und verstecken Sie für einige Sekunden den Stick hinter Ihrem Rücken. Haben Sie selbst sehr viel Geduld und verlangen Sie nicht zu viel von Ihrem gefiederten Partner.

Schritt Zwei: Sobald der Papagei nach ein paar Trainingseinheiten erlernt hat, dass er eine Belohnung bekommt, wenn er mit dem Schnabel das Holz berührt, können Sie zum nächsten Schritt übergehen. Halten Sie das Stäbchen nun wenige Zentimeter weiter weg. Entweder nach links, nach rechts, nach oben oder nach unten. Sie werden merken, dass das Tier anfängt, dem Stöckchen zu folgen, um es anzutippen. Belohnen Sie ihn wieder, wenn er es geschafft hat. Wiederholen Sie das Spiel, bis Sie alle Richtungen durch haben. Sie können auch nach weiteren Trainingseinheiten die Übung etwas erschweren, indem Sie die Entfernung variieren und das Tier von einem Punkt zum nächsten „dirigieren".

Mit dieser Grundübung können Sie dem Vogel auch beibringen, auf die Hand zu gehen, sich in die Transportbox zu setzen oder auch Spiele zu erlernen.

Achten Sie jedoch darauf, dass Sie jede Trainingseinheit mehrmals wiederholen für mehrere Tage und Sie sehr geduldig dabei vorgehen. Wenn Sie den Tieren zu viel und zu schnell auf einmal beibringen wollen, geht das Grundwissen der Tiere verloren, weil sie darauf aus sind, die neuen Übungen schnell zu erlernen, und geraten dadurch auch aus dem Konzept und können damit verwirrt werden.

Die Übung „Auf und Ab" oder beim Target-Training genannt **„Der Aufsteiger"**

Mit diesem Trainingsblock wird Ihnen genau erklärt, wie Sie dem Papageien beibringen, auf Ihre Hand zu kommen oder die Angst vor Händen zu verlieren. Grundvoraussetzung hierfür ist es jedoch, dass die Tiere die Grundlage des Targets beherrschen und dem Target-Stick ohne Probleme folgen.

Schritt Eins: Legen Sie Ihre Hand auf die Kletterstange oder den Ast, auf dem der Papagei in einiger Entfernung sitzt. Lotsen Sie das Tier nun mit dem Stick über Ihre Hand, also über das „Hindernis". Wenn die Grundlagen tatsächlich sitzen, wird das Tier gar nicht erst bemerken, was es da tut, da es so fixiert auf den Stick und die Belohnung ist. Belohnen Sie ihn also, wenn er über das Hindernis hinweg ist, und wiederholen Sie diese Übung dann wieder und wieder.

Schritt Zwei: Hat der Papagei diese Übung gemeistert, wird er da schon erkannt haben, dass Ihre Hand nichts Gefährliches oder Böses ist. Sie können nun also beruhigt den Stick direkt über Ihre Hand lotsen und drauf deuten. Wenn das Tier auf die Hand steigt und drauf bleibt, solange Sie mit dem Stick deuten, belohnen Sie ihn und sagen Sie dabei laut „Auf". Die Kombination aus der Führung des Sticks, der Belohnung und der zusätzlichen Konditionierung des Wortes „Auf", werden dann mit einigen weiteren Trainingseinheiten im Gedächtnis verankert bleiben.

Schritt Drei: Die Grundübung sitzt, das Tier hat keine Angst mehr vor der Hand? Gut. Dann geht es im nächsten Schritt weiter. Wenn bis hierhin alles geklappt hat und Sie wirklich ausreichend geübt haben, können Sie nun die Hand wenige Zentimeter vor den Bauch des Tieres halten und das Kommando „Auf" geben. Seien Sie nicht enttäuscht, wenn das Tier nicht sofort auf Ihre Hand springt oder Anstalten dazu macht. Bei den ersten paar Durchgängen könnte noch etwas Verunsicherung dabei sein. Nutzen Sie also jegliche kleine Bewegung, die das Tier in Ihre Richtung macht, und belohnen Sie diese. Das heißt: Wenn er beispielsweise einen Fuß auf die Hand setzt und er sie wenigstens festhält oder selbst, wenn er seinen Fuß nur anhebt und auf Ihre Hand deutet. Zeigen Sie ihm, dass er das trotzdem gut macht, und belohnen Sie jeden kleinen Fortschritt.

Wenn das Tier nach einigen Übungseinheiten auch dies gemeistert hat, belohnen Sie ihn mit etwas ganz Besonderem.

Zusatztipp: Wenn eine schwere Übung gemeistert ist, nutzen Sie eine „Jackpot"-Belohnung. Dies ist eine besondere Belohnung, die aus einem anderen Leckerli besteht, den der Vogel auch sehr mag. Für das Erlernen von besonderen Tricks und Spielen, nutzen Sie bitte ein Fachbuch, in dem jede Übung einzeln und schrittweise aufgeführt wird.

Die Gesundheit der Tiere

D er Umzug in ihr neues, tolles Heim ist auch wie für jeden anderen sehr stressig für Ihr neues Familienmitglied. Stress kann aber das Immunsystem schwächen. Da kann es schon mal passieren, dass eine „schlummernde/schlafende" Erkrankung plötzlich aktiv wird. Mithilfe einer Ankaufuntersuchung beziehungsweise dem Check-up haben Sie die Chance, Erkrankungen früh- oder rechtzeitig zu erkennen und zu behandeln, bevor Ihr neuer Vogel wirklich richtig krank wird. So habe ich es auch im Kapitel „Züchter, Tierhandlungen oder Vogelpark" erwähnt. Papageien sind in der freien Natur Beutetiere, daher verstecken sie ihre Schwächen und Symptome, solange es irgendwie geht. Ein putzmunter aussehender Vogel kann also trotz des gesunden Anscheins krank sein oder als Krankheitsüberträger dienen. Das Schlimmste an diesem natürlichen Verhalten ist, dass die Halter erst merken, dass der Vogel an etwas erkrankt ist, wenn dieser seine Symptome nicht mehr verstecken kann.

Leider, in den häufigsten Fällen, ist es dann schon zu spät und endet tödlich. Lassen Sie also bei Ihrem VkTa eine umfangreiche Ankaufuntersuchung durchführen und sich beraten. Diese Untersuchungen beinhalten die Tests auf die gängigsten Viren unter Papageien (Polyoma, PBFD, Pacheco, ABV, PMV), die Aufnahme eines Röntgenbildes (als Ausgangspunkt und Vergleich, falls ein Tier mal an beispielsweise Aspergillose erkranken sollte), Kloaken- und Rachenabstriche (Chlamydien-Infektion), Kotuntersuchung und ein Blutbild.

Doch es reicht bei Weitem nicht aus, die Vögel nur beim Einzug untersuchen zu lassen. Es ist ebenso wichtig, wie bei einem Menschen, dass Sie Ihre Tiere jährlich untersuchen und die „Check-ups" durchführen lassen, denn nur mit einer frühen Untersuchung kann auch eine Erkrankung rechtzeitig erkannt und behandelt werden. Wie oben schon erwähnt: Zeigt ein Vogel Symptome, kann es bereits zu spät sein.

WORAN SIE EINEN ENTSPANNTEN UND ZUFRIEDENEN VOGEL ERKENNEN

Knirschen mit dem Schnabel („chrchr"-Geräusch), Aufplustern und anschließendes Schütteln (und Kack-Bombe fallen lassen), kuscheln und Zärtlichkeiten mit Artgenossen Austauschen, leises „Mit-sich-selbst-Reden", auf der Stange Auf-dem-Bauch-Liegen (ist nicht bei allen Arten zu beobachten, sondern eher bei Agaporniden und manchen kleinen Sitticharten), gleichmäßiges Schwanzwippen synchron mit seinen Atemzügen.

WORAN SIE EINEN KRANKEN VOGEL ERKENNEN

Verhält er sich anders? Wirkt er apathisch (teilnahmslos), schläft er übermäßig viel, leidet er an Appetitlosigkeit, hat er struppiges oder glanzloses Gefieder? Atmet er zu schnell und knattert es beim Atmen? Hat er keine Lust, mit Artgenossen zu spielen, und meiden diese ihn? Wie ist seine Körperhaltung? Sitzt er gekrümmt und dauerhaft aufgeplustert auf der Stange? Oder im schlimmsten Fall irgendwo auf dem Boden in der Ecke? Wippt sein Schwanz asynchron mit der Atmung? Zittert der Vogel oder hat er Krampfanfälle? Hat er Ausfluss an Nase oder Augen? Wie sieht sein Kot aus? Welche Farbe und Konsistenz hat er? Ist er grün und breiig oder überhaupt flüssig, könnte Durchfall vorliegen.

Wenn Sie diese Anzeichen beobachten können und sich der Zustand des Tieres innerhalb von Stunden nicht verändert, ist ein dringlicher Besuch beim VkTa nötig!

DER GANG ZUM TIERARZT

Egal, ob es sich nun um ein Check-up handelt oder wegen eines akuten Besuches: Wichtig ist, dass Sie Ihren VkTa des Vertrauens natürlich vorher anrufen und einen Termin vereinbaren. Sagen Sie am Telefon vorab, um welche Art der Konsultation es sich handelt, und geben Sie Schlüsselinformationen durch, damit die Praxis Sie auch richtig einplanen kann.

Die Notfallbox startklar machen. Legen Sie Tücher

oder eine Wickelunterlage für Babys hinein und fixieren Sie die Sitzstange für die Box. Falls der Vogel sich kühl anfühlt oder struppiges Gefieder hat, legen Sie zusätzlich eine warme (nicht heiße!) Wärmflasche in die Box.

Den Vogel startklar machen. Hier kommt es jetzt auf die Verfassung des Tieres an. Ist er apathisch und zeigt keine Gegenwehr? Dann fassen Sie beherzt zu und setzen Sie ihn einfach auf den Boden in die Box.

Ist er noch fit genug und versucht zu beißen oder schimpft laut mit Ihnen? Dann hoffe ich, Sie haben bereits das Trainingsmodul mit dem Clicker-Training oder dem Target-Stick durchlaufen. Wenden Sie es dafür an und lotsen Sie den Vogel in die Transportbox. Wenn Sie das Training nicht durchgeführt haben, nutzen Sie die Rescue-Tropfen für den Tierarztbesuch. 1–2 Tropfen unverdünnt auf ein Leckerli geben und fressen lassen. Wenn er es nicht frisst, können Sie auch im Notfall mit einer Sprühflasche die Tropfen verdünnt auf den Vogel sprühen. Wickeln Sie ihn dann in ein Handtuch und setzen Sie ihn in die Box.

Decken Sie die Box mit einem Tuch ab, damit das Tier nicht in Panik während der Autofahrt verfallen kann.

WORAN SOLLTEN SIE NOCH DENKEN?

Ist der Notfall Kot-Red, denken Sie daran, eine Kotprobe unbedingt einzusammeln und mitzunehmen. Haben Sie den Verdacht, er könnte sich am Futter oder Ähnlichem vergiftet haben, nehmen Sie auch davon eine Probe mit. Packen Sie die Lieblingsleckereien des Tieres ein sowie eine Trinkflasche und Trinkschale.

Ach ja, nicht vergessen: Ihren Geldbeutel! Nehmen Sie eine Begleitperson mit, die als Ruheindikator für Sie und den Papageien dient. Diese Person kann die Transportbox zwischen ihre Beine nehmen und leise mit dem Tier sprechen und auch beruhigend mit Ihnen reden, während Sie Auto fahren.

Fixieren Sie die Box auf dem Beifahrersitz, wenn Sie keine Begleitperson haben und allein fahren müssen, oder stellen Sie die Box in den Fußraum.

Wichtig: Stellen Sie die Box niemals in den Kofferraum! Dort ist die Box nicht gesichert, rutscht hin und her und kann zu Verletzungen des Vogels führen!

Erste-Hilfe-Köfferchen

Jeder weiß, dass im Haushalt mal ein kleiner Unfall passieren kann. Sei es, dass Sie sich an Papier schneiden oder sich den Daumen in der Tür klemmen – der erste Gang ist dann immer zum Medizinschrank, um sich zu versorgen.

Doch auch Papageien benötigen manchmal, genau von Ihnen, Erste Hilfe. Beim Spielen oder liebkosen kann es doch mal ein bisschen heftiger zugehen mit den Schnäbeln, sodass hier und da kleine Bisswunden zu finden sind. Manchmal kann es aber auch sein, dass ein Tier sich erkältet. Lassen Sie mal Silvester sein, das

Knallen und Pfeifen der Raketen und Böllern setzt viele Tiere dem Stress aus und genau da brauchen Sie ebenfalls besondere Hilfe. Hier werden Ihnen ein paar Dinge aufgelistet, die in dem medizinischen Notfallkoffer für Papageien nicht fehlen dürfen.

Achtung: Der Notfallkoffer ersetzt keine ärztliche Behandlung! Es dient nur für die Erste-Hilfe, um den Vogel zu versorgen, bis Sie mit ihm beim VkTa angekommen sind!

Zur Krallenpflege
Krallenschere = (Anmerkung: Eine spezielle Krallenschere für Nager bzw. Vögel liegt sicherer in der Hand als ein handelsüblicher Nagelknipser! Vorsicht – die Krallen von Vögeln sind durchblutet! Bei einer hellfarbigen Kralle schneidet man nur den durchsichtigen Teil ab, dunkle Krallen hält man am besten gegen eine LED-Leuchte, um den Verlauf der Blutbahn zu erkennen. Die rutschsicheren Griffe der Krallenschere ermöglichen ein gezieltes Ansetzen und Schneiden.)

Bei Verletzungen
Clauden = blutstillende Watte, für den Fall, dass mal was passiert. Es hilft aber auch, die Kralle des Vogels unter fließend-kaltes Wasser zu halten oder in

Kernseife (!) zu drücken. Andere wiederum schwören auf „Gelaspon Schwämme", erhältlich in der Apotheke. Traumeel (Ampullen – zur oralen, also „schnabulösen" Vergabe) = Traumeel ist schmerzstillend und bei Verletzungen wie Verstauchungen oder Zerrungen anzuwenden. Es hilft ebenfalls Tieren mit Arthrose und Entzündungen der Gelenke. Bitte hier auch NUR nach Absprache mit einem Tierarzt anwenden!

Betaisadona = Jodsalbe (zur Wundreinigung und Desinfektion – nicht länger als 3 Tage anzuwenden!) Bitte hier auch NUR nach Absprache mit einem Tierarzt anwenden! Bepanthen Nasen- und Augensalbe = (zur Wundheilung, an der betroffenen Stelle dünn aufzutragen, damit das Gefieder des Vogels nicht verklebt.). Bitte hier auch NUR nach Absprache mit einem Tierarzt anwenden! Selbst-haftende Tapeverbände = Selbst-haftende Tapeverbände sind grandios, wenn man ein Körperteil ruhigstellen muss oder wenn man eine Kompresse mit Salbe auf einer Hautpartie befestigen möchte. Man kann dieses Tapeverbandsmaterial in winzige Streifen schneiden, dann hat man sie immer passend griffbereit. Und sie verkleben garantiert nicht das Gefieder.

Hilfsmittel bei der Medikamentenvergabe bzw. beim Zufüttern

Spritzen in unterschiedlichen Größen von 1 ml bis 3 ml = zur Vergabe von Medikamenten oder Nahrungsbrei

Kanülen = zum hygienischen Aufziehen von Medikamenten aus einer Ampulle

Gummistöpsel = zum Verschließen von befüllten Spritzen

Wattestäbchen mit abgeflachten Enden (Salben lassen sich besser auftragen!)

Messlöffel (z. B. von Tupperware) mit 1, 2, 5, 10 und 25 ml

Homöopathie

Bachblüten-Rescue-Tropfen für Tiere

(Anmerkung: Vögel sind sehr Stress-empfindlich und können sehr schnell schocken. Notfalltropfen helfen, ängstliche Tiere in Stresssituationen, wie z. B. beim Einfangen oder bei der Behandlung bzw. Medikamentenvergabe. zu beruhigen. Es empfiehlt sich, die Rescue-Tropfen entweder direkt auf das Gefieder zu träufeln oder mit ein wenig Wasser in eine Blumenspritze zu geben und den Vogel vorsichtig zu besprühen. Danach eine Weile warten, bevor man das Tier einfängt oder behandelt.)

Rotlicht zur Wärmetherapie bei erkrankten Vögeln
Besonders gut eignen sich für die Bestrahlung eines Vogels sogenannte Infrarot-Dunkelstrahler, also beispielsweise die im Handel unter dem Namen Elstein-Strahler geführten Lampen. Hierbei handelt es sich um spezielle Strahler (Lampen), die nur Wärme, aber kein sichtbares Licht abstrahlen.

Achtung: Nicht anzuwenden bei Tieren, die eine Gehirnerschütterung nach einer Kollision haben könnten! Bei Bedarf schnell im Fachhandel zu kaufen:
Aufzucht-Brei = Beispielsweise von Harrison, Nutri-Bird oder Quiko.

Für Tiere, die zu schwach sind, allein zu fressen bzw. zur Unterstützung stark abgemagerter Tiere. Achtung! Jede Mahlzeit muss frisch angerührt werden! Anmerkung: Es empfiehlt sich, immer eine Packung im Haus zu haben, da man unter Umständen schnell handeln muss. Die Aufbewahrung im Kühlschrank verlängert die Haltbarkeit.

Geheimrezepte

Wer seinen Lieblingen etwas absolut Tolles backen möchte, der stellt sich auch mal in die Küche und backt (natürlich für Vögel gesunde) Kekse, Brot und andere Leckereien. Hier werden ein paar kleine Geheimrezepte verraten, wie Sie mit einem kleinen Aufwand etwas Besonderes für die Papageien zaubern können.

CANADIAN CHRISTMAS DREAM

Zutaten

50 ml pürierte Banane (oder geriebenen Apfel, wenn es „apfe-liger" schmecken soll.).
100 g Vollkornmehl (bspw. Dinkel)
5 ml rotes Palmöl
Zum Schluss eine Prise Ceylon-Zimt

Zubereitung

1. Mischen Sie alle Zutaten zusammen in eine große Schüssel und kneten Sie diese, bis die Teigmischung ganz weich und geschmeidig ist. Je nachdem,

2. wie groß die Vögel sind und welche Kraft diese im Schnabel haben, rollen Sie diesen Teig dann mittels Teigroller bis zu 1 cm (maximal 1,5 cm) dick aus und stechen ihn dann in Formen aus (in der Weihnachtsbä-ckerei …). Wenn Sie Vögel haben, die ihre Leckerbissen aufgrund von Verletzungen oder Verstümmelung nicht in den Krallen halten können, können Sie mittels eines Apfelentkerners noch ein Loch in die Mitte der Kekse stechen und einen Draht oder Holzspieß durch-ziehen. (Diese können Sie nämlich dann auch direkt vor den Lieblingen aufhängen.)

3. Als Nächstes bestreichen Sie die Kekse mit der pü-rierten Banane (oder dem fein geriebenen Apfel) und packen als Dekoration ein paar ganze Apfelstückchen rein oder obendrauf. Anschließend dann nur noch mit

der Prise Ceylon-Zimt bestreuen.

Backen

Die Kekse sollten Sie schön langsam und nicht bei allzu großer Hitze backen. Deswegen heizen Sie den Ofen auf nur 160 °C vor und stellen die Kekse auf einem Blech für mindestens 60 Minuten rein. Falls die Cracker dabei zu dunkel werden sollten, legen Sie einfach wie beim Käsekuchen ein breites Stück Alufolie drüber. Das Ziel am Ende des langen und schonenden Backens ist es, knallharte, trockene Cracker zu bekommen, mit denen Ihre Vögel gut beschäftigt sind und Spaß dabei haben, diese zu zerlegen.

Und weil diese Kekse zwar lecker aussehen und riechen, aber so hart sind sie für Menschen eher nicht geeignet – wenn Sie Ihre Zähne lieben und einen Besuch beim Zahnarzt vermeiden wollen.

BEEREN-NUSS-KEKSE

Zutaten

80 g Vollkornmehl (bspw. Dinkel)
3 EL Sojamehl
100 g 5-Korn-Flocken-Getreidemischung
100 g gehackte Nüsse (Walnüsse, Haselnüsse, Cashew …)
20 g Sesamsamen
40 g Leinsamen
50 ml Wasser
160 g frische Beeren (Himbeeren, Brombeeren, Johannisbeeren …)

Zubereitung

1. Alle trockenen Zutaten werden in eine Schüssel gegeben und verrührt. Dann geben Sie die Beeren und das Wasser hinzu und mixen Sie diese mit einem Handmixer gut durch. Mithilfe zweier Löffel formen Sie die Teigmasse auf dem Backblech zu Kugeln und drücken Sie diese dann von der Mitte aus platt.

Backen

Heizen Sie hier auf 160 °C auf und rechnen Sie mit einer Zeit von 45–60 Minuten.

KNOBLAUCHKUGELN MIT ROTEM PALMÖL

Zutaten

1–2 gepresste Knoblauchzehen
100 g Vollkornmehl (bspw. Dinkel)
2 EL pürierte Banane (oder Apfel, Traube, o. Ä.)
2–3 Tassen Körnerfutter (bspw. das 5-Korn-Flocken-Getreide)
1 TL rotes Palmöl

Zubereitung

1. Zuerst geben Sie das rote Palmöl in eine Schale in einem Wasserbad und erhitzen es, bis es geschmolzen ist, dann werden die restlichen Zutaten, mit Ausnahme des Körnerfutters, mit dem flüssigen Palmöl vermischt. Der Teig soll zwar feucht sein, aber nicht vom Löffel tropfen. Zum Schluss kommt das Körnerfutter hinzu. Mischen Sie so viele Körner unter, bis diese nur noch von einer kleinen Schicht Teig umgeben sind.

2. Aus dieser Masse formen Sie mit den Händen kleine Kugeln. Am einfachsten geht es, wenn Sie die Hände etwas befeuchten, dadurch werden die Kugeln schön rund und fest.

Backen

Legen Sie alle Kugeln auf ein Blech und backen Sie

diese bei 200 °C für 20 Minuten. Bitte schauen Sie immer wieder in den Ofen, da die Kugeln nicht zu dunkel werden dürfen.

PAPAGEIENBROT

Zutaten

500 g Vollkornmehl (bspw. Dinkel)
2–3 Hand Walnüsse, Haselnüsse, Cashew gemischt
2 Teelöffel Natron
2–3 Hand Leinsamen
2 geriebene Karotten oder Paprika
5 Esslöffel rotes Palmöl
Hafermilch oder ähnliche Flüssigkeit nach Bedarf

Zubereitung

1. Zur Vorbereitung erhitzen Sie das Palmöl in einem Wasserbad, bis es flüssig ist.

2. Nebenbei mischen Sie nun das Mehl und das Natron gründlich zusammen. Geben Sie nun die Nussmischung aus Walnüssen, Haselnüssen und Cashews sowie die geriebenen Karotten (oder Paprika) und Leinsamen in die Mehl-Natronmischung. Wenn das Palmöl flüssig genug ist, geben Sie auch davon 5 EL zu der Mehl/Nuss/Gemüsemischung hinzu und mischen jetzt den Teig mit den Händen oder mit einem Teiglöffel gut an. Wenn er noch zu trocken ist und bröselt, können Sie bei Bedarf etwas Hafermilch zugeben. Ganz wichtig ist es nämlich, dass der Teig nicht trocken oder krümelig wird und auseinanderfällt. Er sollte schön feucht und klebrig sein. Formen Sie nun die Mischung zu einem großen Ball oder zu einer großen Bohne. Mit

einem Messer ziehen Sie eine 0,5 cm tiefe Kerbe quer über den Laib (jetzt sollte es aussehen wie eine übergroße bunte Kaffeebohne). Legen Sie nun den Laib auf das Backblech.

Backen

Bevor Sie alles zusammengemischt haben, sollten Sie den Backofen auf 220 °C vorgeheizt haben. Jetzt schieben Sie das Backblech einfach auf der mittleren Schiene mit dem Brot hinein. Nach ungefähr 30 Minuten überprüfen Sie mit einer Stichprobe (Messer oder Spieß), ob der Laib schon durchgebacken ist – bleibt der Teig am Messer oder Spieß kleben, lassen Sie ihn noch weitere 10 Minuten backen.

Tipp: Sie können das Brot mit allen Arten von Kernen und Samen oder Gemüse, ja, sogar mit Obst variieren. Experimentieren Sie ruhig bei diesem Rezept.

MATTHIAS SCHMIEDER

Der Titel als Federlose*r

Der ganze Ratgeber basiert auf eigener Erfahrung, die ich als Halterin von Graupapageien und Agaporniden machen durfte, sowie der Recherche durch mehrere Foren von Papageienhaltern und Tierarztpraxen. Als ich mit der Haltung von Papageien anfing, hatte ich mich besonders über die Homepages von Papageienparks und Tierarztpraxen mit Informationen versorgt. Mittels YouTube und persönlichen Bekanntschaften habe ich das Clicker- und das Target-Training kennenlernen und anwenden dürfen.

Es ist immer eine sehr große Umstellung, wenn man sich ein Tier ins Haus holt, und besonders am Anfang erscheint alles stressig und überfordernd. Doch glauben Sie mir, wenn ich Ihnen sage: Sie meistern das. Haben Sie sehr viel Geduld und denken Sie an die Ziele, die Sie mit den Tieren erreichen möchten: Die Akzeptanz und den Respekt im Schwarm aufgenommen und den ganzen Tag von den Tieren beschäftigt zu werden.

In vielen Ratgebern, die ich mir durchgelesen hatte, standen immer nur die positiven und schönen Dinge zur Haltung von Papageien. Wer aber schon lange Halter ist, weiß, dass genau diese Bücher ein Lockmittel sind, um unerfahrene Menschen dazu zu bringen, sich die Tiere zuzulegen. Daher habe ich in diesem Ratgeber auch viele Nachteile bewusst hervorgehoben, um zu vermeiden, dass Neulinge und Tiere zu schnell überfordert sind mit den Anforderungen, den Kosten und den Problemen.

Es gibt zu viele Menschen, die diese wunderschönen Tiere wegen irgendwelcher (angeblich) nicht lösbarer Probleme in Tierheimen abgeben und sie ihrem Schicksal überlassen. Für mache Tiere gibt es dann kein „Für-Immer"-Zuhause mehr, da in manchen Fällen die Tiere durch die Trennung von ihrem alten

Halter Verhaltensstörungen aufweisen und dadurch schwer vermittelbar sind. Daher ein dringlicher Appell an alle zukünftigen Halter: Überlegen Sie es sich dreimal, ob Sie diese Verantwortung übernehmen können (nicht wollen!) und ob Sie bereit sind, euch jederzeit Hilfe zu holen, wenn mal etwas nicht gut läuft. Es gibt in ganz Deutschland zig Anlaufstellen für Halter, Foren mit Informationen, Trainer und Tierärzte, die Ihnen bei Ihren Problemen helfen können.

Daher fassen Sie sich ein Herz und seien Sie nicht scheu, diese Hilfe auch in Anspruch zu nehmen.

Zum Schluss will ich noch sagen:
Nur ein glücklicher Vogel, der Sie putzt und pflegt, Sie liebt und hegt, hat Sie als Schwarmgenosse akzeptiert und Ihnen den Titel als Federlose*r verliehen.

Vielen Dank.

Die Liste der VkTa nach Postleitzahl sortiert

PLZ 0

08209 Auerbach/Vogtland

Kleintierklinik Vogtland VR Dr. R. Zeissler, Fachklinik für Zier-, Zoo- und Wildvögel, E-Mail tierklinik-zeissler@t-online.de, Telefon 03744 212471

01689 Weinböhla

Elbtal Tierarzt Kluge & Schumann, Praxis für Kleintiere und Exoten, E-Mail: post@elbtal-tierarzt.de, Telefon: 035243 32238

01920 Panschwitz-Kuckau

Tierarztpraxis Panschwitz-Kuckau, Tierärztin Sibylle Schindler, E-Mail: info@vogeltierarzt.de, Telefon 035796 96438

04103 Leipzig
Klinik für Vögel und Reptilien, Veterinärmedizinische Fakultät, Universität Leipzig, Direktorin: Prof. Dr. M.-E. Krautwald-Junghanns, E-Mail: kontakt@vogelklinik.uni-leipzig.de, Telefon: 0341 9738400

04299 Leipzig
Tierärztliche Praxis für Kleintiere, Exoten und Augenheilkunde, Dr. Katrin Penschuck und DVM Christine Rutz, Telefon 0341 8775622

06917 Jessen/Elster, OT Schweinitz
Tierärztliche Praxis am Weinberg, Dr. Pfützner, Beetz & Voigt, E-Mail: info@vetkomb.de, Telefon 03537 202325

09599 Freiberg
Tierarztpraxis Dr. Frank Enders, Fachtierarzt für Geflügel, Zusatzbezeichnung: Zier-, Zoo- und Wildvögel, E-Mail info@tierarzt-freiberg.de, Telefon 03731 698788

PLZ 1

10589 Berlin-Charlottenburg
VOGELPRAXIS Dr. Sonja Kling, E-Mail vogelpraxis@dr-sonja-kling.de, Telefon 030 34902843

10825 Berlin

Tiermedizinzentrum Berlin, Praxisgründer Dr. Kurt Helmich und Dr. Dieter Oelke, E-Mail info@tiermedizinzentrum.de, Telefon 030 8542050

13467 Berlin

Mobile Vogeltierarztpraxis Vogeltierärztin Angelika Wedel, E-Mail: wedel.angelika@googlemail.com, Telefon 030 45362 4

14163 Berlin

Freie Universität Berlin, Institut für Geflügelkrankheiten, Klinik für Zier- und Wildvögel, E-Mail gefluegelkrankheiten@vetmed.fu-berlin.de, Telefon 030 83862676

14169 Berlin-Zehlendorf

Praxis für Vögel & Reptilien, Dr. Mandy Carnarius, Fachtierärztin für Geflügel, Zusatzbezeichnung Zier-, Zoo & Wildvögel, E-Mail info@vogel-tierarzt.de, Telefon 030 84725738

14197 Berlin

Kleintierpraxis Privatdozent Dr. med. vet. Thomas Göbel, Fachtierarzt für Geflügelkrankheiten (Ziervögel),

E-Mail mail@tierarzt-goebel.de, Tel. 030 89736868

18182 Bentwisch b. Rostock

Tierärztliche Praxis Dr. med. vet. Martin Hammer, Zusatzbezeichnung Reptilien-, Zoo- und Wildvögel, E-Mail: hammer-tierarzt@gmx.de, Telefon 0381 681300

18356 Barth

Tierärztliche Gemeinschaftspraxis Dr. Arnold, Tauben- und Ziervogelpraxis in Barth, Telefon 038231 779632

PLZ 2

20149 Hamburg

Tiermedizin am Rothenbaum, Dr. Martina Schmoock, Zusatzbezeichnung Zier-, Zoo- und Wildvögel, E-Mail: hh-tierarzt@web.de, Telefon 040 451772

21031 Hamburg

Tierarztpraxis für Kleintiere und Vögel, Dr. Fenske, Telefon 040 7215010

22147 Hamburg

Tierarztpraxis Dr. med. vet. Dunja Koball-Menin, Zusatzqualifikation für Ziervögel und Tauben, E-

Mail: Tierarztpraxis_Koball@gmx.de, Telefon 040 67378354

22393 Hamburg
Tierklinik im Alstertal Meike Danker & Dr. Mathias Reese, E-Mail info@tierklinik-im-alstertal.de, Telefon 040 63311311

23812 Wahlstedt
Dr. Petra Zsivanovits, Dip ECZM (avian), E-Mail info@vogeltierarzt-wahlstedt.de, Telefon 04554 705750

23845 Oering
Tierärztliche Praxis Dr. Matthias Warzecha. Bitte nach Dr. Andrea Kohls fragen, sie ist die Vk Tierärztin. Telefon: 04535 1676.

26125 Oldenburg
Dr. med. vet. Inken Sander, Fachärztin für Geflügel, Vogel- und Heimtierpraxis, E-Mail: info@vogeltierarzt-oldenburg.de, Telefon 0441 94919000

28870 Ottersberg
Tierärztliche Praxis Ottersberg Dr. Belinda Kiesau (Vogelmedizin), E-Mail kontakt@tierarztpraxis-ottersberg.de, Telefon 04205 31790

29614 Soltau

Kleintier- und Vogelpraxis, Dr. med. vet. Anja Petersen, Fachtierärztin für Geflügel, E-Mail info@tierarzt-soltau.de, Telefon 05191 976737

PLZ 3

30519 Hannover-Wülfe

KleintierKlinik Hannover, E-Mail info@ktkh.de, Telefon 0511 98634848

30559 Hannover

Stiftung Tierärztliche Hochschule Hannover, Klinik für Heimtiere, Reptilien, Zier- und Wildvögel, E-Mail-Vogelabteilung voegel@tiho-hannover.de, Telefon 0511 9536800

31303 Burgdorf Kreis Hannover

Kleintierpraxis in Burgdorf Willenbockel & Völker GbR, E-Mail info@kleintierpraxis-in-burgdorf.de, Telefon 05136 9766680

31582 Nienburg

TIERKLINIK NIENBURG, Inh. Dr. med. vet. Michael Barkhoff, Dr. Barkhoff ist u. a. auch auf Augenheilkunde spezialisiert, E-Mail info@tierklinik-nienburg.de, Telefon 05021 912110

31832 Springe
Tierärztliche Praxis Jens Mühlberg, E-Mail: kontakt@hannover-tierarzt.de, Telefon 0511 35716606

32756 Detmold
Tierarztpraxis am Hiddeser Berg Dr. med. vet. (Univ. Zürich) Markus Büker MSc, MRCVS Dr. Büker ist u. ausgebildeter Falkner, E-Mail info@tierarztpraxis-hiddeser-berg.de, Telefon 05231 7018270

33129 Delbrück-Anreppen
Dr. Manfred Pöppel und Dr. Andrea Pöppel, Fachtierarztpraxis für Geflügel, Telefon 05250 98680

33758 Schloß Holte-Stukenbrock
Tierärztliche Klinik Dr. med. vet. Heiner Vorbohle, Vogelkundige Tierärztin ist Anett Striewe, Praktische Tierärztin mit Schwerpunkt Zier-, Zoo und Wildvögel, E-Mail info@tierklinik-vorbohle.de, Telefon 05207 5500

35390 Gießen
Tierarztpraxis Viola Schätzle, E-Mail praxis@tierarztschaetzle.de, Telefon 0641 37527
35392 Gießen,
Klinik für Vögel, Reptilien, Amphibien und Fische, Justus-Liebig-Universität Gießen, E-Mail kvraf@vetmed.uni-giessen.de, Telefon 0641 9938432

37154 Northeim
Tierklinik-Northeim GbR, Dr. Martin A. Schubart, bitte zu ihm gehen, er ist der VkTa, E-Mail mail@tierklinik-northeim.de, Telefon 05551 1872

37327 Leinefelde
Dr. G. Kny und H. Kny, Fachtierärzte für Geflügel und Tauben, Telefon 03605 502150,

38300 Wolfenbüttel
Dr. Jürgen Brinkmeier, Fachtierarzt für Geflügelkrankheiten, Telefon 05331 77525

38855 Deersheim
Dr. med. vet. Karin Böhland, Fachtierärztin für Geflügelkrankheiten, Telefon 039421 72523

39126 Magdeburg
Tierarztpraxis Dr. Niels Mensing, Telefon 0391 50959778

39340 Haldensleben
Dr. Andres Pohl, Telefon 03904 499445

PLZ 4

40470 Düsseldorf

Tierklinik Dr. Krauß Düsseldorf GmbH, vogelkundiger Tierarzt hier ist Dr. Straub,
E-Mail: info@tierklinikduesseldorf.de, Telefon: 0211 626868

40595 Düsseldorf-Garath
Kleintierpraxis Astrid Köhnen E-Mail mail@kleintierpraxis-koehnen.de, Telefon 0211 7004871

40764 Langenfeld
Tierarztpraxis Am Katzberg, Gunhilt Cardeneo, E-Mail praxis@tierarztpraxis-katzberg.de, Telefon 02173 13141

41069 Mönchengladbach
Tierarztpraxis Holt, Dr. Kathagen, Dr. Riecken, Dr. Sixt, Telefon 02161 590040, E-Mail info@Fachtierarztpraxis-Holt.de

41372 Niederkrüchten-Elmpt
Kleintierpraxis Ungerechts, E-Mail Info@kleintierpraxis-ungerechts.de, Telefon 02163 82743

41569 Rommerskirchen-Hoeningen
Tierarztpraxis Flüchten-Vaupel, Dr. Alexa Vaupel geb. Flüchten, E-Mail info@tierarztpraxis-vaupel.de, Telefon 02182 5710330
44867 Bochum,
Dr. Julian Schlömer, E-Mail: info@kleintierpraxis-am-hellweg.de, Telefon 02327 568979

45145 Essen
Tierheilpraxis Nicola Traeger, E-Mail info@tierheilpraxis-traeger.de, Telefon 0201 267141,

46049 Oberhausen
Tierärztliche Gemeinschaftspraxis Christiane Rehmann & Martin Scheffler GbR, E-Mail info@rehmann-scheffler.de, Telefon 0208 8286889

46147 Oberhausen
Dr. med. vet. Stephan Hesselmann, E-Mail info@tierarzt-hesselmann.de, Telefon 0208 680052

46286 Dorsten (Lembeck)
Tierarztpraxis Dr. med. vet. (B) Jacques Probst, E-Mail info@tierarztpraxis-probst.de, Telefon 02369 76531

47443 Moers-Meerbeck
Tierarztpraxis Dr. H. Eberhardt und Dr. J. Scheidung, bitte nach Dr. Scheidung fragen, er ist der VkTa, Telefon 02841 52852

47647 Kerken
Dr. med. vet. Sabine Gerlach, Telefon 02833 571704

48231 Warendorf

Tierarztpraxis Dana Ströse, bitte zu Frau Ströse gehen, sie ist die VkTä, E-Mail info@tierarztpraxis-stroese.de, Telefon 02581 9590195

48527 Nordhorn
Kleintierpraxis Nordhorn, E-Mail info@kleintierpraxisnord-horn.de, Telefon 05921 330100

48683 Ahaus-Alstätte
Gisela Stefan, Praktische Tierärztin, E-Mail gisela@gisela-stefan.de, Telefon 02567 937764

49504 Lotte-Büren
Tierärztliche Praxis für Vögel und Kleintierpraxis Dr. Bärbel Schnebel und Dr. Axel Zinke, Fachtierarzt für Geflügel, Telefon 0541 1816888

49577 Ankum
Tierärztliche Gemeinschaftspraxis Dr. Arnold in Ankum, Telefon 05462 449 und 05462 440

PLZ 5

50374 Erftstadt-Lechenich
Dr. Sandra Schroff in der Praxis Dr. Bernd Schulze Zum-loh, bitte nur zu Dr. Schroff gehen, sie ist die VkTä, Telefon 02235 5126

51069 Köln Dünnwald
Tierarztpraxis FELL & FEDER, Dr. Miriam Golestan & René Hendricks, bitte zu Hr. Hendricks gehen, er ist der VkTa, E-Mail info@tierarztpraxis-fellundfeder.de, Telefon 0221 97779930

51371 Leverkusen-Rheindorf
Dr. Kay Pieper und Dr. Alexandra Fluck, E-Mail anmeldung@docpieper.de , Telefon 0214 22281

53347 Alfter
Kleintierpraxis in Alfter, bitte nach Dr. Schütterle fragen, er ist der VkTa, E-Mailinfo@kleintierpraxis-alfter.de, Telefon 02222 922210

56588 Waldbreitbach
Tierarztpraxis Dr. Heiner Müller, E-Mailinfo@exoten-gesundheitsteam.de, Telefon 02638 9486524

57482 Wenden Ortsteil Gerlingen
Wolfgang Wettengl, E-Mail W.Wettengl@t-online.de, Telefon 02762 490660

PLZ 6

60487 Frankfurt/M

Dr. Ulf Riedel, E-Mail info@uriedelvet.de, Telefon 069 7075521

63263 Neu-Isenburg

Tierärztliche Praxis am Heegwald Jörg Heinz, E-Mailinfo@tierarztneuisenburg.de, Telefon. 06102 21900

63303 Dreieich

Kleintierpraxis Dr. Bettina Holz, Telefon 06103 963185, E-Mail kleintierpraxis-holz@outlook.de

64572 Büttelborn

Dr. Katrin Stein, Tierarztpraxis mit Schwerpunkt Reptilien, Vögel und Zierfische, Mobile Tierarztpraxis, Telefon 06152 5200286

64658 Fürth/Odw.

Kleintier-Pferde-Vogelpraxis Dr. Krämer Fürth/Odw, E-Mail tierarzt-kraemer@t-online.de, Telefon 06253 4498

65205 Wiesbaden

Tierarztpraxis Dr. Sascha Schütz, E-Mail sascha_schuetz@web.de, Telefon 0611 7168866

65396 Walluf

Kleintierzentrum Walluf, Martin Fischbach-Ulfik, Telefon 06123 703740

66482 Zweibrücken

Tierklinik Zweibrücken, Dr. Liana Meisel-Gehl, E-Mail: infos@tierklinik-zw.de, Tel.: 06332 48180

PLZ 7

71640 Ludwigsburg-Ossweil

Dr. Michael Schneider-Haiss, Dr. Gerd Britsch hält mehrfach im Monat eine Sprechstunde in der Tierklinik ab, Telefon 07141 2999030

72072 Tübingen-Derendingen

Tierärztliche Fachpraxis Dres. Steidl & Hartmann, Vogelkundiger Tierarzt ist Dr. Steidl, Dr. Steidl trägt die Zusatzbezeichnung „Zier- und Wildvogelerkrankungen", E-Mail: info@kleintierfachpraxis.de, Telefon 07071 78780

73054 Eislingen

Kleintierpraxis am Marktkauf Dr. Silke Knoll, Fachtierärztin für Klein- und Heimtiere, E-Mailpraxisknoll@tierarzt-eislingen.de, Telefon 07161 5047997

73630 Remshalden-Geradstetten

Tierarztpraxis Remshalden Dr. med. vet. Dorit Münker. Sie ist die VkTä, Telefon 07151 977677

73732 Esslingen
Tierarztpraxis Dr. Sabine Roleff, bitte zu Dr. Beate Köhler gehen, sie ist vk. Telefon: 0711 94563320, E-Mail: info@tier-arzt-esslingen.de

74382 Neckarwestheim
Cornelia Zeh, sie ist die VkTä, Telefon 07133 5040405

75173 Pforzheim
Dr. Topp, Telefon 07231 21096

76139 Karlsruhe
Vogel- und Reptilienpraxis Dr. Britsch, E-Mail info@vogel-und-reptilien-tierarzt.de, Telefon 0721 6184280

76456 Kuppenheim
Tierarztpraxis Carina Anthonj, E-Mail info@tierarzt-kuppenheim.de, Telefon 07222 9419420

76571 Gaggenau
Dr. med. vet. Karolin Zebisch, Fachtierärztin für Geflügel, Wild-, Zier- und Zoovögel, E-Mail k.zebisch@vogelfachtier-arzt.de, Telefon 07225 9884881

76833 Böchingen
Exotenpraxis Doris Dühr Bien, E-Mail doris.duehr@exoten-praxis.de, Telefon 06341 969999

77855 Achern

Dr. Bürkle – Tierarztpraxis Bird Consulting International, Telefon 01525 8466168

Zur Info: Die Praxis wurde zum 30.04.2018 geschlossen, Dr. Bürkle ist aber unter der angegebenen Telefonnummer erreichbar. Auf seiner Homepage kann man die Termine und Örtlichkeiten für seine Hausbesuchstouren und Sprechstunden beim Papageienhof Dreiländereck, im Papageienparadies Busse, im Tierparadies Rübesam und bei Pasi Ulm (hier bei unserer Co-Admin Tanygnathus, Bettina nachfragen, sie organisiert die Sprechstunden dort) ersehen und dort einen Besuch vereinbaren.

77855 Achern

Dr. med. vet. Christian Brändle, Telefon 07841 27865

79108 Freiburg

Kleintierklinik Frank, Dr. Helge Behncke ist der VkTa, E-Mail info@kleintierklinik-frank.de, Telefon 0761 5036660

79183 Waldkirch

Kleintierpraxis Dr. Ellen Tietz, Dr. Helge Behncke ist der VkTa und ist zweimal die Woche in der Praxis, E-Mail Ellen.Tietz@online.de, Telefon 07681 494936

79585 Steinen

Kleintierpraxis Monika Dressel (ehem. Kleintierpraxis Dr. Teichmann), Dr. Helge Behncke ist der vk TA und ist alle 14 Tage in der Praxis, Telefon 07627 7977

PLZ 8

81477 München
Anja Roscam Abbing, Die mobile Vogelpraxis, Mobil 0177 7975345, E-Mail info@mobile-vogelpraxis.de

86167 Augsburg
Hermann Kempf, Tel.: 0821 90729950, E-Mail: info@exoten-praxis-augsburg.de

81929 München
Mobile Vogelpraxis Bianka Schink, Telefon 0176 72106808, E-Mail info@mobilevogelpraxis.de

82008 Unterhaching
Tierärztliche Fachpraxis für Vögel und Exoten Dr. Heike Reball, Fachtierärztin für Geflügel, Wild-, Zier- und Zoovögel, Telefon 089 61208805, E-Mail info@vogeltierarzt-reball.de

82166 Gräfelfing
Dr. med. vet. Friedrich Janeczek, Tierärztliche Praxis für Papageien und Sittiche, Papageienzüchter-Service, Telefon 089

8548140, E-Mail info@dr-janeczek.de,

83059 Kolbermoor
Heinz Köhler, Telefon 08031 299770

85764 Oberschleißheim
Ludwig-Maximilians-Universität München, Klinik für Vögel, Reptilien, Amphibien und Zierfische, Telefon 089 218076070, E-Mail nfo@vogelklinik.vetmed.uni-muenchen.de

88213 Ravensburg
AniCura Kleintierspezialisten Ravensburg GmbH
Dr. Elisa Wüst verlangen, sie ist vk, Tel: +49 751 791 257 0, E-Mail: ravensburg@anicura.de

PLZ 9

90409 Nürnberg
Tierklinik am Stadtpark GmbH
Dr. Britt Nemecek, Fachtierärztin für Zier- und Zoovögel, Telefon 0911 533008,

90592 Schwarzenbruck bei Nürnberg
Dr. med. vet. Rainer Hussong, Spezialist für Greifvögel, Telefon 09128 4189

91058 Erlangen
Tierärztliche Gemeinschaftspraxis Dr. med. vet. Reinhard Schramm, Dr. med. vet. Wolfgang Eisele, Telefon 09131 65041 65042

91227 Leinburg/Diepersdorf
Dr. med. vet. Fritz Karbe, Facharzt für Zoo- und Wildtiere, Telefon 09120 4409272

96052 Bamberg
Tierarztpraxis Dr. Andrea Gerres & Günther Merx, Bitte zu Dr. Merx gehen, er ist vk, E-Mail info@tieraerzte-bamberg.de, Telefon 0951 519380

96268 Mitwitz
Tierärztliche Praxis Maik Löffler, E-Mail info@tierarzt-loeffler.de, Telefon 09266 9777

99974 Mühlhausen
Tierklinik Mühlhausen, bitte zu Dr. med. vet. Volker Ortmann gehen. Er ist Fachtierarzt für Klein- und Heimtiere, Zusatzbezeichnung Zier-, Zoo- und Wildvögel, Zusatzbezeichnung Zahnheilkunde, E-Mail kontakt@tierklinik-muehlhausen.de, Telefon 03601 83600

Herstellung und Verlag:
BoD – Books on Demand, Norderstedt
ISBN: 9783755724438

© Paula Neustedt 2022
1. Auflage
Kontakt: Psiana eCom UG/ Berumer Str. 44/ 26844 Jemgum
Covergestaltung: Fenna Larsson
Coverfoto: depositphotos.com